金融街10号丛书
The Series of No.10 Financial Street

金融街10号丛书
The Series of No.10 Financial Street

金融风云录

（三）

中央国债登记结算有限责任公司◎主编

全国百佳图书出版单位
APGTIME
时代出版
时代出版传媒股份有限公司
安徽人民出版社

图书在版编目(CIP)数据

金融风云录(三)/中央国债登记结算有限责任公司 主编.—合肥:安徽人民出版社,2019.11

(金融街10号丛书)

ISBN 978-7-212-10574-7

Ⅰ.①金… Ⅱ.①中… Ⅲ.①金融市场—研究—中国 Ⅳ.①F832.5

中国版本图书馆CIP数据核字(2019)第089022号

金融风云录(三)

JINRONG FENGYUNLU(SAN)

中央国债登记结算有限责任公司 主编

出 版 人:徐 敏　　**丛书策划**:徐 敏 曾昭勇 白 明
责任编辑:李 芳　　**责任印制**:董 亮
装帧设计:张诚鑫

出版发行:时代出版传媒股份有限公司 http://www.press-mart.com
安徽人民出版社 http://www.ahpeople.com
地　　址:合肥市政务文化新区翡翠路1118号出版传媒广场八楼　**邮编**:230071
电　　话:0551-63533258　0551-63533292(传真)
印　　刷:安徽省人民印刷有限公司

开本:710mm×1010mm　1/16　**印张**:17.25　**字数**:280千
版次:2019年11月第1版　2019年11月第1次印刷

ISBN 978-7-212-10574-7　**定价**:36.00元

目录

上篇/宏观经济与政策

下篇/金融与债券市场

上篇/宏观经济与政策

HONGGUAN JINGJI
YU ZHENGCE

创新投资思路　应对经济增速趋缓

李　扬

稳增长仍然靠投资

在2014年3月召开的两会上，政府为2014年的经济确定了7.5%的增长目标。如今，一个季度已经过去，初步的数据显示，经济下滑的趋势日渐明显，要完成预定增长目标，客观上存在着困难。为防止增长率的下滑突破底线，需要制定若干稳定经济的预案。

分析近年来消费、投资和净出口（外需）对国民经济增长的贡献率及其变化轨迹，有助于我们精准寻找实施调控的入手处。

2006年以来，在一系列强刺激政策作用下，国内消费对经济增长的贡献率有过一段稳定增长。但是，在2011年达到55.5%的高峰之后，其贡献率一路下滑，两年跌落5个百分点，2013年降至50%。这说明，最终消费作为慢变量，其规模相对稳定，急切间难有作为。再考虑到某些领域

本文根据作者在中国经济形势分析与预测2014年春季座谈会上的发言整理而成。作者时任中国社科院副院长。

的公共消费受到抑制,消费对经济的拉动作用短期内更难大幅提升,无法成为促进经济稳定增长的主导力量。

同期,净出口对增长的贡献率更是急剧下挫。在2009年创纪录的-37.4%之后,除了2010年升为正,最近三年均呈负值,2013年贡献率为-4.4%。考虑到2013年一季度部分地区和部分行业出现较大规模虚假套利贸易,导致外贸数据扭曲的因素,2014年一季度外需(净出口)的贡献或将进一步降低。

相比而言,投资的贡献率虽有波动,却呈稳定增长态势:从2006年的43.6%提升至2013年的54.4%,7年内跃增10个百分点以上。2013年,它更是再次超过消费对GDP的贡献率。上述告诉我们,至少在中期内,稳定经济增长的动力,仍然主要来自投资。

然而,改革开放以来的中国经济史同时也明白无误地告诉我们:依靠投资来主导经济增长,很容易助长唯GDP倾向,恶化国民收入分配,忽略环境资源约束,造成生态破坏,并形成产能过剩。这意味着,如果我们不得不依赖增加投资来稳定经济,那么,能否高度警惕并认真防止那些已经被历史证明的投资弊端,关乎政策的成败。这意味着,如果我们不得不依赖增加投资来稳定经济,首先必须对投资机制自身进行深度改革。认真研究投什么、谁来投以及怎样投等三个问题,是改革投资机制的入手处。

投什么?

经过长达30余年高强度的工业化,在传统商业环境下可创造较大利润的工业投资项目已基本被挖掘殆尽;基础设施中的经济基础类设施,经过2009年以来刺激计划的横扫,也已没有多少有利可图的空间。因此,启用投资引擎，不仅需要找寻新的投资领域，还须创造条件，让这些投资具有商业可持续性。

就投资领域而言，有三个领域需要重点关注。

其一，有利于促进消费增长的社会基础设施领域，主要包括教育、文化、医疗保健等。

应当认识到，进一步加大对教育、医疗卫生等社会性领域的投资力度，不仅增加了当期投资，而且对长期拉动消费具有积极的正面效应。一方面，可以降低居民的远期支出预期，减少预防性储蓄，提高居民的消费倾向；另一方面，可以促进人力资本积累，提高劳动者收入在初次分配中的占比，改变居民部门在国民收入分配中的不利地位。同时，也可以有效解决农民工及其家庭的市民化问题，促进农民工进城定居，充分释放城市化对扩大消费需求的促进作用。

在加强社会基础设施投资的过程中，特别要关注健康服务业这一新兴服务业所蕴含的巨大需求。该产业覆盖面广，产业链长，对经济增长的拉动作用显著，在一些发达经济体已成为现代服务业的重要组成部分，如美国健康服务业规模占 GDP 比重已超过 17%，其他 OECD 国家一般也达到 10%左右。2013 年 10 月，国家出台了促进健康服务业发展的指导意见。可以预期，随着居民收入和消费水平的提高，特别是老龄人口不断增多，健康服务业蕴涵着极大的投资潜力和空间。

其二，有利于技术进步的更新改造投资。

在推动经济增长由要素投入驱动转向技术进步或全要素生产率驱动的过程中，迫切需要加大企业设备更新和技术改造升级的力度。从外部增加此类投资的常规路径固然可循，但更应该考虑通过加速折旧的方法，内在地调动企业设备投资和更新改造的积极性。特别是对于高新技术企业、改造升级的传统产业和战略性新兴产业,为避免无形损耗可能带来的损失,应允许它们以更大幅度加速折旧。与基于预计可使用年限的平均折旧法(所谓直线折旧法)相比,加速折旧法(递减折旧法)能更快地摊销应折旧金额,使固定资产的价值在使用期内尽快得到补偿,加快设备投资的现金回流,更有利于企业的固定资产更新改造。

从经济本质看,加速折旧是一种"税式支出",较之政府直接支出,它除了对国库不产生直接压力之外,更有激励企业自主投资和自主创新的积极作用。从国际上看,美国等发达经济体都将加速折旧作为走出危机的强力措施来采用,借以提高投资率,进而提高劳动生产率和国际竞争能力。这些经验值得借鉴。

其三,有利于可持续发展的节能环保产业。

在资源环境约束不断增强,特别是以雾霾为"代表"的各种环境污染问题频现的新形势下,发展节能环保产业,能为切实解决高耗能、高排放的问题提供治本路径。节能环保产业已被列入国家加快培育和发展的七大战略性新兴产业之一,2013 年 8 月,国家又发布了加快该产业发展的指导意见,提出"十二五"期间节能环保产业产值年均增长 15%以上,到 2015 年行业总产值达到 4.5 万亿元,成为国民经济新支柱产业的目标。目前来看,大气污染治理、水污染治理、生态修复以及资源循环利用,都是节能环保产业的投资重点。

然而,在现行的商业环境下,更新改造投资得不到足够的刺激,而对社会基础设施和节能环保产业的投资,则难有可持续的商业价值。这都会成为制约投资增长的硬约束。为稳定经济增长,必须迅速落实十八届三中全会的决定："凡是能由市场形成价格的都交给市场，政府不进行不当干预。推进水、石油、天然气、电力、交通、电信等领域价格改革，放开竞争性环节价格。更多转向市场化的价格形成机制"，使企业获得足够的收入以弥补成本并得到合理的回报，从而形成稳定的投资行为。

谁来投？

传统上，基础设施和公共服务领域突出地存在着自然垄断性、公共性和外部性，从而成为政府投资的天然领域。然而，近几十年来，随着管理能力的提高和现代科技尤其是信息技术的发展，这些影响社会资本进入的障碍，或者渐次消失，或者可通过一定的制度安排予以克服。这就为在这些领域中引入社会资本开辟了可行空间。

在具有自然垄断性的领域中，社会资本可以在两个层面上实现进入。一是采取资本形式进入。可将投资环节与运营环节分开，形成投资主体多元化和经营主体一元化并存的格局。二是采取经营权形式的进入。即通过政府特许经营、委托经营或承包经营等制度安排，使社会资本可通过"争夺市场的竞争"方式实现有效进入。

在具有公共性的领域中，随着需求水平的提升和需求弹性的增大，随着技术的发展特别是排除性量化技术的出现，纯粹公共性正经历着向非纯粹性或准公共性的转变，这为社会资本以市场化方式提供产品开辟了广阔的空间。另外，对于某些商业性不足的准公益性项目，可以通过多种方式（如土地综合开发利用、公益性环节财政补贴等）改善投资的预期收益，吸引社会资本进入。即使是某些纯粹公共产品以及外部性相当显著的纯公益性项目，也可通过政府采购制度、经营权拍卖、招投标制度以及承包和委托经营等形式,实现(纯粹)经营权方式的社会资本参与。

最后看外部性。在现代信息和管理技术条件下,对于某些存在着消费上正外部性的领域,政府事实上承担的主要是在消费环节上的支付责任,而不是其在生产环节上的供给责任。特别对于教育、健康服务这类准公共产品而言,完全可以不要求由政府直接生产经营,甚至可以不要求由政府直接投资。因此,政府应采取服务合同外包或政府采购合同、服务管理合同、特许经营合同等,大规模引入社会资本,同时,通过加强监管来保证正外部性发挥。

为了让社会资本发挥更大作用,降低行业进入门槛,逐步实现基础设施投资领域竞争主体多元化和股权结构多元化,亦属题中应有之义。另外,由于基础设施的资本密集度高,资产专用性和资本沉淀性强,加上合同的不完备,潜在的投资者往往担心利益被侵占。为有效动员、吸引社会资本进入基础设施和公共服务领域,确保新进入企业和原有垄断企业(在位企业)之间实现公平竞争,确保政府承诺的可信性以及政策的稳定性和连续性,具有同等重要性。

如何投?

中国是当今世界上少有的高储蓄率国家。2013 年底,国内部门总储蓄率超过了 50%。就此而论,中国国内投资的资金约束,并不体现为有无,而是体现在用何种方式将储蓄转化为投资。这是我国金融领域长期存在且始终未能解决的问题。

关于“如何投”有以下两个关键问题亟须解决。

一是债务依存度过高。在我国目前固定资产投资资金来源中,债务性融资占据首位。一般而言,随着传统银行系统以外的金融中介活动快速发展和金融脱媒趋势加速,债务性融资比重将逐步下降,股权性融资相应上升。中国的情况则不然。金融的脱媒并没有如欧美等发达经济体那样股权融资比重上升,多数情况下只是改变了间接融资的路径。通过信托贷款、委托贷款等金融机构表外融资,中国的间接融资依然保持着绝对的统治地位。由于其基本路径是“从银行中来,回银行中去”,事实上只是改变了间接融资的路径。加之公司信用类债券(包括企业债券、短期融资券、中期票据、公司债券等)发行规模不断上升,中国经济过分依赖负债融资的格局近年来似有恶化之势。资本金或所有者权益在融资结构中的比例过低,加重了企业资产负债表的资本结构错配风险,也提高了全社会的债务水平和杠杆率,加剧了风险的积累。我们的测算表明,金融危机以来,全社会杠杆率呈现较为明显的上升趋势,各部门(居民、非金融企业、政府与金融机构这四大部门)加总的债务总额占 GDP 的比重从 2008 年的 170%上升到 2012 年的 215%。其中,企业部门债务总额占比高达 113%,远远超过 OECD 国家的风险阈值。

我们必须下决心改变中国金融结构的提高负债率的趋向。改革的方向有四:其一,采取切实措施,将“发展多层次资本市场”的目标真正落在实处;其二,放开国家对信用的统治,创造有利于资本形成的机制;其三,鼓励各种将债务性资金转变为股权性资金的金融创新;其四,充分发挥类如国家开发银行那样的投资性金融机构的作用,同时,下决心尝试逐步让商业银行拥有投资权利,从根本上消除债务融资比重过高的基础。

二是资金成本上升。近一段时期以来,我国金融乱象丛生。宽货币、高利率、贷款难、贷款贵、金融系统自我服务等现象同时并存,便是其主要表现。这主要归因于我国金融市场存在严重扭曲。

其一,宽货币、高利率的怪异组合,主要归因于我国外汇储备的动态与货币供给机制关系过于密切和直接——外汇储备的不断增长,导致我国货币供给总量的过度扩张;大规模“对冲”操作,固然“冻结”了大量货币,但也致使市场上可贷资金短缺,导致利率攀升。

其二,在货币信贷存量较高,增长迅速的情况下,资金成本的上升,反映了大量资金在金融部门内部自我服务和自我循环。商业银行近两年同业业务占银行业总资产的比重,由 2010 年的 8%飙升至 2012 年的 12%,有些股份制银行已超过 25%,便是明证。

其三,在多重管制体系下,我国的金融抑制呈恶化之势,并进一步导致“创新异化”。金融机构力图避开行政色彩极强且部门间严重分割的金融监管,包括规避信贷额度配给制和限制对地方政府融资平台和房地产业提供贷款的政策,并大规模从事监管套利,便是其主要表现。加之资本金约束、贷存比的流动性约束,使得银行追逐由存贷款利率分割、不同市场监管规则差异所造成的“息差交易”机会大大增加。

其四,多部门分头监管模式,人为造成大量套利机会,并使得我们无法把握信用总量的规模、结构和动态变化,弱化了监管效率。

其五,“刚性兑付”普遍存在,助长了无风险的市场套利行为,加剧了投资者的道德风险。

鉴于以上,我们认为,消除金融乱象的治本之道,在于迅速全面启动重要领域的金融改革。其中,迅速改变外汇储备管理体制;进一步放松管制,特别是放松对银行体系的信贷额度控制和贷款投向管制(改用各种监管指标的管理);尽快改革早已跟不上形势发展的分业监管格局;以推动负债与资产大规模市场交易为基础，推动利率市场化改革；进一步硬化包括政府、企业和居民户在内的各经济主体的预算约束等，更属当务之急。

（本文原载于《债券》2014年5月刊）

深化经济改革　坚持市场出清原则

夏　斌

当前中国经济的困境是什么？

对于当前中国经济的困境问题，传统分析往往是从出口、投资、消费三因素入手，预测增长中的问题，指出增长中的困境之处，然后寻找对策。这种分析在当前仍是重要的，必需的，但仅此而已，可能已不便突出当前中国经济与过去相比，经济矛盾压力的特殊之处。

另一分析思路，直接从经济运行中的主要问题、最困难处入手，就影响"当前经济稳定、社会稳定"而言，思考最值得担心的问题是什么。

物价？不是。固然当前仍有物价上涨的压力，但当前的2014年远不是2007年全球繁荣下市场担心大宗原材料商品价格飞涨的年代。

外部环境？不是。当前也没有遇到如2008年美国危机突如其来，我

本文根据作者2014年2月22日在北京大学国家发展研究院主办的"中国经济观察论坛"上的发言整理而成。夏斌，著名经济学家，时任国务院参事。

国面临外需突然骤降的紧张局面。危机已历经好几年了，对于外需减少的局面，我们也已慢慢承认并在适应。另一方面，即使美国 QE 政策在逐步退出，中国与“脆弱五国[1]”也有所不同，一是资本账户并未完全放开，二是增长潜力相对还比较高。因此，要重视外部环境，但这是一个老问题，不必过于敏感。

就业？也不是。从追求增长速度是为了保就业、保就业就是保社会稳定的角度看，我认为当前的社会稳定压力主要不是来自于就业。当前有就业压力，但与过去不同。原因是：第一，目前是结构性失业的压力，不是简单的农民工就业压力；第二，人口在慢慢老龄化，压力在减轻；第三，在第三产业、服务业发展较快的今天，经济每增长一个百分点所带来的就业人口与10年前相比，已不能同日而语，其带动的就业人口增加了；第四，当前中国的国家财力在壮大，意味着“社会托底政策”的实力增强了。

那么进一步分析，当前稳经济，从而稳社会的最大压力是什么？我认为是经济增速下降后，担心系统性风险的爆发，中断、延误中国经济健康稳定的增长。这也就是舆论界担心的“经济硬着陆”问题。

中国经济正处于一个从过去两位数的高增长平台逐步走向趋缓增长的平台，这是由中国经济发展的内在逻辑决定的。这不仅仅是经济周期的问题，更重要的是结构问题。增速下滑是合理的，硬用货币把它“托起来”反而会是危险的。基本理由是，随着危机后全球需求的萎缩，出口对经济的拉动率接近于零。对于投资中的三块：制造业全面过剩；基础实施投资空间很大，但由于地方债务问题越发突出而缺乏资金；房地产投资已形成泡沫。这三个因素决定了中国过去的高投资率难以为继。而对于消费问题，尽管中央政府过去几年采取了各种政策措施，但严酷的现实是，居民消费率占 GDP 的比例从 2000 年的 46.4%一路下滑,到 2011 年下滑到 33.8%,2012 年为 34%。这说明扩大消费将是一个漫长的过程。

而速度一旦下降,问题就水落石出了。从实体经济层面讲,问题集中在三方面,即产能过剩、房地产泡沫投资和地方基础设施建设的债务风险。从金融层面讲,这三个问题集中表现为金融业的风险。

经济增速下降后主要存在哪些风险?

经济实际增速合理下降后,与此相伴的是货币供应要回归正常。如果货币供应回归正常,必然会暴露以下四个问题。

第一,整个社会的资金紧张。不管叫稳健的货币政策,还是叫其他什么名称的货币政策,只要是货币供应慢慢回归正常,而僵尸企业[2] 在市场上难以出清,那么过去大规模铺开的投资项目仍然需要持续的货币资金支持,整个社会就会出现“八个瓶子七个盖”的现象,就会出现类似中诚信托某项目所面临的兑付问题。

第二,推高了资金成本,进一步加剧了债务风险。经济增速下降后,本应可以用不紧不松或偏中性的货币政策来引导利率的下降,稳住经济增速。但由于目前的改革不到位,实体经济结构不合理,单纯的利率市场化并不能解决一切问题。在市场上能获得资金或者能消化高利率成本的是房地产、地方融资平台及其所体现的各种理财产品。这些高息理财产品推高了整个社会筹资成本,进一步加剧了一些地方融资平台或地方债务的债务风险,目前有些地方甚至是在靠筹集新的资金来维持原有债务的利息支出。

第三,僵尸企业问题若不解决,便会挤压中小企业、创新和服务经济体的资金需求，使得总量资金更加偏紧。这既影响了经济结构和发展方式的转变，客观上又加剧了全社会的资金紧张局面。

第四，因为社会资金成本在不断被推高，境内外利差在加大，拖了汇率、资金账户开放的改革后腿。这倒过来又影响了国内金融市场正确信号的形成，出现了当前大家都不愿意看到的资金配置市场化能力不足的问题，影响了中国经济走上健康的市场化轨道的进程。

小结以上四点，可以说只有解决了僵尸企业问题，总体资金偏紧的状态才会改善，社会总体筹资成本才能下降，经济需求减弱、货币需求高涨的怪现象才可以得以纠正。

怎样破局？

首先，必须明确：唯一出路在改革。当前金融问题反映的是实体经济的问题。而要解决经济结构问题，仅靠货币政策的紧紧松松并不管用。可以说，目前我国金融市场的市场化程度已经相当充分。不管是有国有背景的大银行，还是有民营背景的村镇银行等各类金融机构，做企业是做得很到位的，都在讲“利润原则”。但是，为什么有国有背景的大银行也愿意向地方政府、房地产融资？就是因为整个市场运行不能优胜劣汰，没有出清机制，没有风险压力。尽管没有明文规定，但整个社会存在“道德风险”，都认为金融风险是由政府“兜底”保险的，所以不管什么样的金融机构都愿意向承担高利率的地方政府、房地产融资。大银行也没错，是坚持了企业利润至上的改革原则。但是，全社会的资金配置被扭曲了。

其次，要清醒认识到：不管是英美的市场经济、北欧的社会市场经济，还是我国现在的有社会主义特色的市场经济，甚至是过去曾经的计划经济,只要一个经济社会前几年是过度需求、过度投资的,以后几年的经济运行就难以支撑下去,就要进行调整,这是由历史反复证明的必然规律。对此,马克思与西方经济学称之为经济周期,要市场出清,出清是通过危机来解决的。我国过去的计划经济是通过"调整""关停并转"来解决的。在当前有特色的市场经济中,不管是叫关停并转、市场出清,还是叫存量调整,都是一个意思,当经济增速放慢后,要有市场的优胜劣汰机制来加以调整,不能再让那些低效的经济主体继续占有社会有限的经济资源,包括资金资源了。说穿了,市场要让一些企业倒闭、破产,否则,经济没法转型,改革也无法深入。我们现在正处于这个转折时期的关键时刻。

市场如何出清?

市场如何出清?即如何实现市场的供求平衡?

第一,要有底线思维,要守住不发生系统性风险的底线。这是一个国家保持稳定的基础。今天,我们看到我国经济客观上已存在一定的潜在风险,对此,调控与改革要兼顾、要慎重。只有市场出清,才能纠正扭曲的资金配置,才能让市场机制真正起决定性作用。但是,目前又不敢完全地推出市场出清,因为要防止震动过大,防止自动引起不可驾驭的系统性风险爆发。那怎么办?我认为在国民经济各领域中,金融业一是负债面广、涉及各个产业方方面面;二是风险传导快,在一个小时、甚至一分钟内,一个金融企业的风险可以瞬间传到全国金融同业市场。相对于银行,在金融审慎监管中,对单一企业的贷款是被限制在银行资本的一定的较小比例内,即一些实体企业的风险是相对可控的。因此,如果要市场出清,相比金融企业,对实体企业的动作可以大些,可以先着手。

第二,要有适当的缓兵之计。要坚守不发生系统性风险的底线,确实把握好稳经济、促改革和防风险三者的关系。要以改革的原则来确定风险的防范和化解,通过风险化解和防范确保经济的基本稳定。因此,可以采取新旧划断、逐步推进等策略。例如,对已形成巨大规模的地方债务风险,一定要向市场明确讲清楚具体处置的方针与原则,讲清楚债务最后损失的处理原则(中央财政兜底或其他办法),而且还应讲清楚“新旧划断、隔离存量”的原则。这样,整个市场就能由“利空”迅速转为“利好”,并通过进一步改革地方融资制度,彻底让市场明了:今后无偿债能力的地方政府是难以在市场借到钱的,整个社会借债需求会相应减少。低成本的资金需求方往往意味着它是有效益的项目,高成本的资金需求往往意味其风险大,也不易融到资。要真正让市场出现风险高低不同的分类趋势,实现资金的市场配置。只有“新旧划断,隔离存量”,才能既坚持改革导向,又不引爆系统性风险。

第三,在坚持底线思维、采取适当的缓兵之计后,要及时发出明确信号,坚决防范全社会(地方政府、金融机构和老百姓)的“道德风险”,重新确立严明的市场纪律和依法治国的理念。唯有如此,才能真正推进改革,才能使已经出台的或即将出台的改革措施事半功倍,而不是事倍功半,才能不使改革流于形式,不使社会出现“法不治众”的被动局面(例如,目前各地政府纷纷作出的担保,其实早在1995年施行的《中华人民共和国担保法》中已被视为违法)。至于具体信号怎样发出,要有艺术。同时要加大宣传力度。既要防止多米诺骨牌效应,又能让市场拒绝有风险理财产品的出现。

第四,与此同时,必须按中央部署,加快推出其他方面的一系列改革措施。只有通过统筹协调相关方面改革,处理好过去几年遗留下来的问题,在稳住经济、稳住社会的大前提下,整个改革才能真正加快。而进一步的改革措施,强调让市场机制起决定性作用,就是为了构筑防范过去问题重犯的制度基础,确保今后中国经济的健康发展。

注:

1. 摩根士丹利策略师洛德(James Lord)于2013年8月最早使用“脆弱五国”一词,形容巴西、印尼、印度、土耳其和南非这5个经济存在不同程度“脆弱性”的新兴市场经济体。

2. 僵尸企业是经济学家彼得·科伊提出的一个经济学概念,指无望恢复生气,但由于获得放贷者或者政府支持而免于倒闭的负债企业。

(本文原载于《债券》2014年3月刊)

经济增速调整与微刺激

王　毅

年中是评价全年经济增长的关键时间点，一段时间以来，对于中国经济的增长速度下滑是否需要持续采取刺激措施，众说纷纭。这个问题源起于对三个问题的疑惑，解答这三个疑惑也会有助于认识微刺激政策是否有效。

中国经济长期增长的潜力是多少

1980—2012 年，中国 GDP 年均增速为 9.9%，全球为 3.4%，其中发达国家经济体为 2.5%，新兴和发展中国家为 4.6%（按年度实际增速算术平均计算）。经济持续 30 年的高增长使得我国一跃成为仅次于美国的全球第二大经济体。但是这种高增长的动力来源于哪里？大致上主要源于：一是后发优势，通过引入发达国家先进生产技术，学习并复制国外经验；二是大量资本投入，投资回报率高且比较平稳；三是大量人口红利的释

本文根据作者在 2014 年 7 月 15 日《债券》杂志举办的“2014 年中国债券市场投资策略论坛”上的发言整理。作者时任中国人民大学国际关系研究所研究员、中国人民银行调查统计司副司长。

放,我们有源源不断的廉价劳动力的供给优势。此外,技术进步、资源配置优化、制度创新等多种因素推动了我国全要素生产率的持续增长。

2008 年全球金融危机之后经过了"4 万亿"的刺激,中国经济在 2009 年有一个高速的抬升,在 2010 年一季度中央判断经济恢复超预期,特别是房地产价格在不少城市上涨过快,于是开始启动宏观调控,调控到现在经济增速一路下滑(见图 1)。

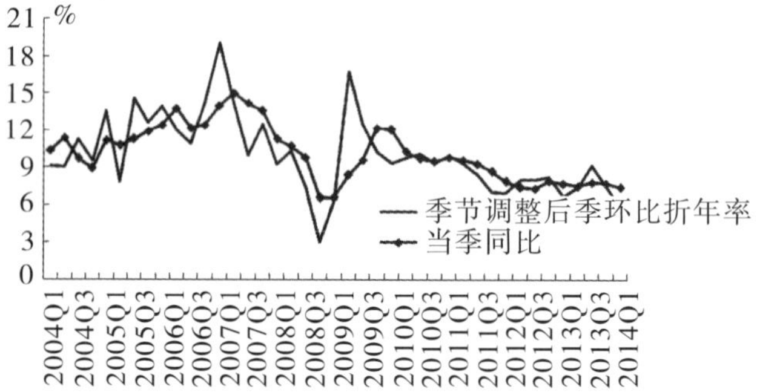

图 1　近期中国经济增速

数据来源:国家统计局、中国人民银行

(一)经济增速下滑与刺激政策的矛盾

为什么在短短的两三年时间,我国从 10%左右的经济增速忽然下滑到了 7.5%左右?对于一个有着 13 亿人口、GDP 规模高达 57 万亿元的大国,经济增速出现 2.5 个百分点的下滑是很大的量。那么经济下滑的根本原因何在?如果是因为各种宏观调控政策过于收紧,那么可以通过相关部门的调控政策放松予以解决;如果是因为经济周期峰值峰谷的变化,那可以采取一些逆周期的措施,熨平经济波动的周期。但如果是因为长期的经济潜在增长力的变化,那我们该如何来看待?

短期来看,当前几乎所有的经济指标都不太可能有根本性的好转,甚至未来几个月也不见得有明显改善。首先，简单回顾一下本轮经济周期，在2008年底为应对金融危机，政府及时采取了拉动内需和产业振兴等一揽子刺激政策，推动经济增长迅速企稳回升，使中国经济率先走出危机阴影。而从2011年二季度开始，经济增速逐级回落，可以理解为进入了前期刺激政策的消化期，但与此同时，前期刺激政策的累积效应和溢出效应还在发挥作用，仍对经济结构继续产生深远影响。由此带来一个矛盾，既然宏观经济还处于前期刺激政策的消化期，为什么现在又需要进行新的刺激？

（二）几大因素对经济潜在增速的影响

来看几个长远的因素。第一，我国劳动力成本已连续几年逐步提升，不仅超过了东南亚国家，甚至与发展中国家相比，已不存在过去那样的比较优势。过去几年中劳动力工资的高增长，还有土地价格及资金成本的高增长，正不断挤压中国劳动密集型产业竞争的优势。

第二，中国在加入WTO之后，高度参与到全球分工的链条里，多年来为经济的持续高速增长提供了充足的动力。2002—2012年，我国进出口贸易总体年均增长20.2%，比同期全球进出口年均增速高10个百分点，这使我国进出口额在全球份额迅速上升，由2001年的4%上升至2012年的10.5%。但从这两年开始，我国进出口贸易的增长速度出现了显著的下降，有些指标甚至由正转负。去年的中国进出口数据中，除去通过香港转口贸易产生的虚假数据，进出口增速在去年前6个月大概是4%，这跟过去约20%的高增长不可同日而语。联系到当前国际经济环境，美国经济已经复苏了两年，欧洲经济去年也已经见底并逐步触底回升，日本的刺激政策使其国内物价上涨、经济增速提升，我国主要贸易伙伴的经济都在改善,而与此同时中国的出口并没有相应地改善。由此带来一个新的问题,我国过去的出口模式是否具有可持续性?

在十八大之前,我们做了一个经济增长的模型对未来进行大致的估算,算上能源消耗、环境污染等因素,在2013年到2020年,通过道格拉斯生产函数计算的潜在的劳动生产率是7.2%左右,如果改革各项措施得力,取得预期进展,在较为理想的状态下,这种增速大致能到7.5%左右。根据这个数据对当前的经济进行考量,目前我国经济增速还算低吗?并且这种增速在整个G20中仍然是最高的。那么,如何看待我国经济的下滑?如果经济下滑真是一种潜在产出水平的下滑,对于经济的刺激有没有必要,有没有效果?恐怕值得考虑。

中国房地产供给与需求水平如何

当前的经济调整过程中伴随着产业结构的调整和落后产能的淘汰,一个大的争议就是房地产问题。房地产的整体供求水平如何?能不能通过政府行为来稳定房地产市场,甚至进而拯救中国经济的下滑呢?

(一)房地产业供需与价格的矛盾

从某种程度上讲,我国的房地产问题也是一个说不清楚的问题。根据估算,1991年到2013年间,我国城镇住宅竣工套数为1.6亿~1.8亿套,以1990年城镇居民住宅存量为8000万套计算(当年城镇居民家庭数为8627万户),不考虑老旧房屋的市场退出,当前我国城镇住宅存量为2.4亿到2.6亿套。2013年末我国城镇居民约有2.4亿户。因而,我国城镇居民户均住房套数在1.01到1.09之间。这里计算的一个重大的缺陷就是没有计算棚户区老城区改造,这个数据确实是不易获得,如果把这个因素估算进去,那么我国城镇居民户均住房套数有可能就不是在1.01到1.09之间,而是低于1。即便户均套数低于1,有可能只是0.8、0.9,也意味着占80%、90%的居民人口是有住房的,那目前我国城市也就只缺约4500万套住宅。过去几年的社会保障房建设目标远可以覆盖这个缺口。

再大致测算一下我国住房的需求,根据估算,2014—2018年我国住宅改善性需求将从7.3亿平方米增加到7.7亿平方米,新增人口带来的住房需求将从3.7亿平方米降低到3.5亿平方米,两者合计年需求约为11亿平方米到11.3亿平方米。按照当前商品房每年竣工12亿平方米,甚至高一点到13亿平方米的住房供给,满足上述需求已经绰绰有余了。此外还有自住房、廉租房、社会保障房等的大量供给。因此仅以供需对比看,未来5到10年中国根本不会缺房子。

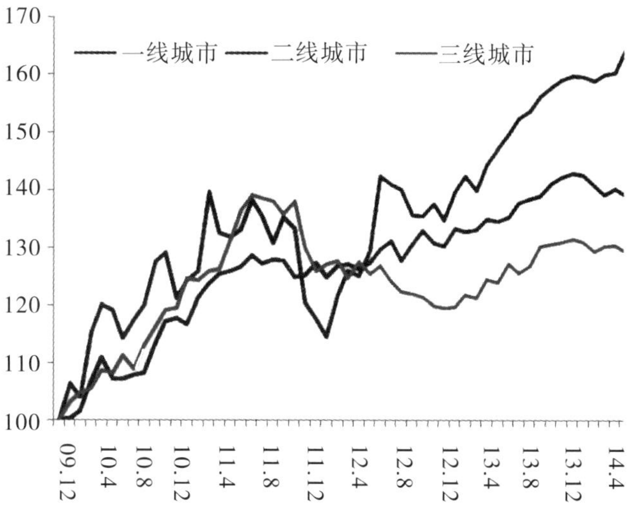

图2　分层次房地产市场房价走势(2009年12月的价格指数为100)

数据来源:中国人民银行重点城市新建住宅价格指数(Megacity Housing Price Index,简称MHPI)

那么就有一个疑惑,在这样的供求格局下,为什么房价一路高企?根据我们自己对房地产开发公司提供数据的测算,全国30个大中城市的新建住宅价格自2007年1月份以来上涨了约1.4倍,一线城市涨得更高。从价格走势上看,房屋价格前两年有所调整,而去年则又出现大幅度的提升,最近又有一点稳中略降,大中城市中,北京、上海、广州、深圳涨得更多。这就很矛盾,既然不缺房,为什么房价还能这么快上涨,并且在房价不断上涨的背后,是房屋库存的不断提升。在当前的局面下,如果十大重点城市想要消化房屋存量需要12到18个月,二线城市平均需要22.7个月,而如果住房市场销售进一步下滑的话,恐怕需要更长的周期去消化巨大的房屋存量(见图2)。

房地产供求的背后是资金的支持,2014年5月末,主要金融机构(含外资)房地产贷款余额15.9万亿元,同比增长19%;房地产贷款余额占各项贷款余额的比重为20.8%。其中,地产开发贷款余额1.1万亿元;房产开发贷款余额4万亿元;购房贷款余额10.8万亿元。在这样的贷款格局下,房地产的贷款质量相当不错。2014年一季度末,房地产业不良贷款余额255亿元,比年初增加2.5亿元,不良率0.44%;按揭住房贷款不良额251亿元,比年初增加19亿元,不良率0.26%。而仅从上述数据分析很难解释为什么今年银行收缩对房地产贷款的支持,这背后的供求格局恐怕是更大的担忧。

(二)对于当前房地产价格调整的隐忧

对于今年房地产的调整我个人存有担心,如果年初我国房地产投资的增速是19%,去年则是20%多,按照现在的调整速度,到了今年年底预计只能保持在10%左右，这样对固定资产投资、房屋销售价格、财政收入、经济增长、消费等方面都会产生负面影响。大致估算，房地产投资中10个百分点的下滑大约会带来GDP0.85个百分点的下调。

历史上看，房地产格局的调整有大幅度爆发式和小幅度渐进式两种，前者如日本房地产泡沫破裂，随之而来是金融大爆炸、经济长期低迷，我国不希望也不能采取这种方式，而应该通过理性的措施，使市场逐步消化，通过时间来换取消化房地产存量的空间和价格高企的空间。但是如果我国对房地产供求没有很清醒的认识，在这个调整的过程当中还寄希望于房地产投资并带动相关产业的增长来拯救经济的下滑，恐怕市场早晚会给我们一个教训。

货币到底是多还是少

目前我国货币的增长速度确实是在下滑，判断货币供应，长期可以观察经济冷热指标，短期可以看M1的增速，M1的增速在今年的1月份下滑到了1.2%，这是我国有M1统计以来最低的增长速度，最近略有提升，其中今年5月末增速是5.5%。M2增速比M1高一些，今年5月末为13.9%，这个增速表面上看是不高的（见图3）。但需要关注的是，由于2009年的一季度到2010年的一季度，出现了连续5个季度的货币高投放期，加上过去十多年的货币持续高增长，使得中国的M2和GDP的比值到去年已经达到了1.95，远远高于其他国家（2011年，日本这一比例为1.72，韩国为1.42，印度为0.20，巴西为0.39）。我国货币发行的存量是比较大的。

对应货币负债方的变化，还有一个是资产方的变化，传统的贷款在2009年有一个突飞猛进，在投放了9.6万亿元贷款以后，2010年二季度后宏观政策开始逐步收紧,此后再也没有突破2009年的信贷高峰。而今年上半年我国已经投放了5.6亿多元的贷款,如果下半年继续实行刺激政策的话,全年贷款很有可能会突破10万亿元,可能重蹈2009年的覆辙。

图3　近期货币供应量增速

数据来源:中国人民银行

为什么2009年以后,金融机构资产负债表的表内传统信贷资产没有再持续高增长?是因为金融机构做了很多信贷外的资产,以及表外的资产,把大量传统的信贷科目放到了同业项下,2008—2012年同业往来款项增速都持续超过30%,2013年这一增速大幅下滑,降为7.8%,2014年一季度增速有所提高,为12.4%。2014年一季度末,金融机构贷款类资产余额83万亿元,占总资产的51.9%;债券投资余额21万亿元,占总资产的12.9%;同业往来款项余额25万亿元,占总资产的15.4%,比2007年提高了6.5个百分点。无论是跟我国金融机构自身的历史发展相比,还是跟同期的发达市场经济体的金融机构相比,我国金融机构的同业资产占比都是较高的。在其占比升高的同时,同业资产的剩余期限越拉越长,过去大部分是30天,现在很大一块做到了30天到1年,最高的达3年以上。

因此，各主管部门联合发布了《关于规范金融机构同业业务的通知》（127号文），旨在让同业回归本质。最终出台的127号文比原来讨论的要宽松得多，大部分同业还是可以做的，想让其真正回到同业资金融通的本质上，还有一段路要走。

由此，在中国货币总量高投放、金融资产高膨胀的同时，近年来银行间市场出现流动性紧张、债券收益率走高，实体经济反映融资难、融资贵，矛盾何在？这实际上说明我国的货币传导机制存在问题，不是总量的问题，而是结构问题。还有一个重要原因是整体上看，中国的金融资产并不多，传统上就靠高货币投放拉动经济，并不是依靠金融资产增长来支撑，与主要发达国家相比，中国的金融资产占GDP的比重明显偏低，2012年，中国金融资产占GDP的比重为323.5%，美国为464%，日本为631.1%，所以中国的金融发展任重道远。

微刺激是否有效

（一）当前的微刺激政策手段

对于经济增速、货币供应量、房地产价格以上三个问题的讨论，市场上存在较大分歧，仁者见仁，智者见智，进而对于经济微刺激的方式及手段也存在很多不同的声音。目前中国的微刺激的手段很多：投资政策方面，鼓励社会资本参与基础设施建设，开工13个铁路项目，继续加大棚户区改造力度等；财政政策方面，加快出口退税进度，对小型微利企业减半征收所得税，营改增再扩围等；货币信贷政策方面，两次定向降准，再贷款支持“两个不低于”，放宽合意贷款的调节系数，调整存贷比约束等。

从货币政策的角度看，刺激举措肯定会体现为货币投放的增多。央行资产负债表的变化表明,过去大部分货币投放是由于外汇储备的增长而导致,而现在情况已经发生变化。2014 年上半年,央行净投放流动性 1.68 万亿元,其中新增外汇占款 7861 亿元,占比仅为 46.7%;新增再贷款再贴现 8984 亿元,占比 53.3%。从这个角度来看,很难判断央行调整存贷比、定向降准就是明确的货币政策放宽,因为投放基础货币的环境变了。

存贷比计算口径调整前后,各类商业银行存贷比差异明显,国有银行存贷比的数据下降 1.4%,股份制银行下降 2.2%,商业银行下降了1.6%,所以商业银行放款的空间已经放宽。

(二)微刺激政策的目标

出台这些微刺激政策的目的何在,能不能达到预期目标?首先,我个人认为上述政策有两大目的,第一是经济稳增长;第二是降低企业的融资成本。从短期看,经济稳增长的目的正在实现。6 月份,中国制造业 PMI 为 51.0%,比上月上升 0.2 个百分点,为连续 4 个月回升,未来几个月的基础设施投资肯定在上升,由此预计短期内稳增长的目的肯定可以实现,但解决经济增长的长期性问题,经济结构调整的目的能不能达到,尚且存疑。对于第二个目的,我个人认为肯定是有作用,比如存贷比放松后,必然能把贷款的规模放大,企业能在表内合规进行融资,就没有必要去做信托、理财、同业等业务,有利于缩短融资链条,降低最终端的融资成本。

从长远来看,需要关注货币信贷投放的传导渠道的重要变化,就是我国银行业的表内同业资产高于同业负债,而金融危机前这两项指一直是略微持平,危机后两者差别则日益拉大,这说明了什么问题?这一现象的本质其实是银行体系内吸收的大量一般性工商企业和个人储蓄存款,通过同业资产运营的形式转移到了银行体系之外，其中有一部分是在银行资产负债表之外做了一些理财信托，还有一部分直接进入了影子银行体系，而这些影子银行体系的资金大部分又流回到了同业方，由此资金在金融体系内的运转直接导致了资金成本的上升。如果我国整个信贷投放的资金环节拉得这么长，这个渠道不理顺，能否真正实现降低融资成本的目的，恐怕还是存疑的。

今年1月份国务院办公厅下发了《关于加强影子银行监管有关问题的通知》（107号文），要求定期测算影子银行规模到底有多少。排除重复计算的交叉持有，不考虑互联网金融、第三方理财等不可得数据，目前初步测算影子银行规模大概是24万亿元，规模仍然很大，仍需要密切关注其变化。

对未来经济发展的几点思考

综合前面几方面的分析，对当前的微刺激政策及目标实现，从短期稳增长的目标来看，我认为微刺激政策是可以奏效的，但立足于经济长远发展的考量，还需要在以下几个方面深思熟虑。

（一）中国经济增速到底该保持多少

中国经济增速潜在水平是多少？如果潜在的水平就像很多经济体的发展历程那样，经过几十年的高增长后就在一个稳定的平台上下波动，如果这是经济运行不可逆转的规律，那么，中国经济增速现在下降到7%多，根据测算过5年后甚至会降到6%左右，由此，长远来看，一味依赖微刺激的政策还能不能见效？

(二)结构调整的过程当中如何保持我国的比较优势

要看到我国有2.5亿的农民工在外就业,劳动技能仍然比较匮乏,只能从事劳动密集型的简单重复劳动,在中国经济的结构调整当中,要考虑政策和经济的长远的平稳,并考虑到如何保持我国的比较优势。

(三)如何把融资成本资金的问题理顺

回到几十年中国经济的老话题之一,就是预算软约束的问题。我国经济发展长期以来靠投资拉动,并且投资的利润回报相当高,但预算软约束的问题一直没有得到很好的解决。如果地方融资平台继续在信贷市场上有融资优势,能够拿到更多的资金份额;如果我国的房地产盈利模式仍然比制造业有优势,能够获得更多的表内外信贷、信托资金支持;甚至我国国有大企业也在信贷资产的融资上有优势,能够通过更多的委托贷款获得资金的话。如果这些预算软约束不解决,光想降低中小企业的融资成本谈何容易?举一个数据,去年我国农业产值占GDP的占比是跌破了9%,而现在我国金融机构涉农的贷款比重是30%多,与此同时,在微刺激的政策下还出台了涉农的金融机构定向降准,但从事实上看,现在最不缺钱的是涉农的金融企业,那么这部分金融机构还需要专门的支持吗?因此,实际上更重要的是需要把金融机构的货币投放渠道理顺,把对实体经济支持的融资链条理顺。

(四)如何解决房地产的问题

当前,对房地产的中长期政策尚缺乏较为精细的规划和相关数据。目前全国的房产的准确数据只能依靠推测大概,缺乏精细准确的数据,房屋联网信息尚未完成,需要解决这些基础性的问题。只有通过对数据和相关信息的精确掌握，才能更好地有的放矢，落实到货币政策和其他政策的调控上。如果基础性的问题不解决，仅依靠货币政策是远远不够的。

（本文原载于《债券》2014 年 8 月刊）

经济下行压力仍大　稳增长政策空间充裕

屈宏斌　马晓萍

今年前两个月，我国经济数据延续了2013年四季度以来继续走弱的态势。如果根据工业增加值和GDP的关系来简单估算月度GDP，则前两个月GDP同比增速已经下滑至年度目标7.5%以下。面对持续走弱的经济数据，以下问题引起了笔者的思考：一是实体经济是否如数据所表现的那么差？二是经济下滑的主要影响因素有哪些？三是未来的经济走势将会如何？以下笔者将从几个方面进行分析，并提供几点建议。

我国当前经济形势分析

（一）外部需求偏弱中有支持出口增长的积极因素

1. 扣除基数及季节性因素影响，前两个月出口同比增速与2013年四季度持平

今年我国前两个月的出口同比增速为2012年三季度以来的低点

本文作者屈宏斌时任汇丰大中华区首席经济学家、董事总经理；马晓萍时任汇丰大中华区经济学家。

-1.6%。我国对主要贸易伙伴的出口均有所放缓。其中对美国出口放缓幅度最大,负贡献0.28个百分点。单看2月同比降幅-18.1%,为2009年以来的最大降幅。究其原因,出口企业春节前加紧出口相对推升了1月出口同比增速,此外,2013年经香港的虚假贸易基数影响也是造成今年初贸易数据扭曲的重要因素。扣除这一因素的影响,估计前两个月的出口同比增速约为7.4%,与2013年四季度持平,外需仍相对平稳。

2. 有迹象表明中国出口占发达市场的份额仍在上升

以中国对美国出口以及美国来自中国进口的数据进行两相对照,美国自中国进口增速仍然超过美国的整体进口增速,并高于美国自日本及其他亚洲国家的进口,显示针对美国这一主要发达市场而言,中国出口竞争力不降反升。

3. 美欧经济复苏虽与历史水平相比偏弱,但更为可持续,有助于支撑中国未来出口

汇丰银行预计今年美国GDP增速为2.5%,美国消费支出增长2.2%,略好于2013年的2%,也足够支持GDP增速保持在2.5%这一水平,但可能难以支撑更高的增速。积极的因素在于美国政府财政支出的负面影响有所消退。同时,美国就业市场仍在持续改善,未来利率政策取决于通胀水平,美联储量化宽松货币政策退出仍将按部就班地继续。近期美联储主席耶伦表示,量化宽松继续缩量,在利率上调之前将给出6个月的时间。因而,利率上调可能在明年4、5月份。

欧元区经济基本面也有微幅改善,实现连续3个季度环比正增长。在主要经济体中,德国、法国、意大利和西班牙均呈现环比增长。高频数

据显示,一季度欧元区 GDP 增速仍将延续这一态势。尽管需求仍相对疲弱,通胀水平低下(汇丰银行预测今年为 0.8%),欧央行货币政策在短期内不会寻求进一步放松。

在 2013 年年初安倍经济学的刺激政策影响下,日本经济有所回暖,但 2013 年下半年 GDP 增速又放缓至 1%以下。今年 4 月消费税上调的负面影响已经反映在近期的经济景气调查数据中,市场担忧可能影响未来就业和工资增长。汇丰对于日本经济今年和明年的预测都在 1%。在货币政策方面,预计今年上半年日本不会有进一步的刺激政策出台,但 7 月可能会考虑扩大量化宽松的规模。

综上所述,未来受美欧等主要市场的持续拉动,预计我国外需条件较上年略有改善,但改善的幅度有限。在汇率方面,人民币对美元名义汇率近期有所贬值,但从国际清算银行的实际有效汇率(REER)以及名义有效汇率(NEER)来看,人民币兑一揽子货币仍在升值,自 2013 年初以来分别升值 10.5%和 8.2%,自今年年初以来也分别小幅升值 1.87%和 0.55%,这在一定程度上抑制了外需好转对于出口回暖的积极影响。

根据笔者的估算,我国出口对于美欧市场外部需求以及人民币实际有效汇率的敏感性在 2008 年之后有所增强,即美国实际 GDP 加速 1 个百分点,则拉动中国出口增速加快 4.4 个百分点(长期平均水平为 1.7);同时,国际清算银行的实际有效汇率(REER)指数每上升 1 个百分点,出口将下降 1.2 个百分点(长期平均为-1.0)。出口对于外需及汇率波动的敏感性上升意味着美国经济复苏有助于提振我国出口,但提振效果可能部分被实际有效汇率的升值所抵消。

(二)消费需求虽放缓,但支持平稳增长的因素仍在

1. 扣除价格因素,今年前两个月消费较2013年四季度放缓

今年前两个月,我国社会消费品零售总额创下10年来新低,较2013年12月放缓了1.8个百分点。其中在私人部门消费中,从日用品到家用电器等消费均有所放缓。分产品看,传统消费热点——房地产以及汽车消费稳中趋缓。尽管增幅趋缓,住、行消费升级的基本趋势未变,仍可支持相关消费保持相对强劲。例如,中国的汽车市场仍是全球扩张最快的市场。

2. 未来支持消费平稳增长的因素仍在,但支持力度将有所下降

2013年城镇居民可支配收入的实际增速放缓至7%,是近10年来的最低水平;同时农村居民现金收入的实际增速回落至10%以下,也是经济危机后的最低,其中外出务工的农民工工资实际增幅降至10%左右,比2010年约14%的增幅下降了约1/3,几乎与同期GDP增速放缓的幅度相同。

人民银行公布的城镇储户调查结果显示,2013年居民对未来收入的预期创下该数据自2001年发布以来的最低水平54.1,而对于未来就业的预期也连续3个季度低于50(处于收缩区间)。与之形成对比,倾向于"更多储蓄"的居民占比近两年处于47%左右的历史高位,现阶段收入预期状况不支持未来消费的强劲增长。

根据笔者观察,收入增速放缓已持续了一段时间,而2013年整体消费相对仍比较平稳,未表现出明显下滑(2013年实际增速较2012年放缓0.6个百分点),这也印证了消费市场自2013年以来所发生的一些结构性变化:包括互联网信息消费等在内的服务性消费以及消费信贷的兴起对

整体消费构成了一定的支撑。一是以工信部公布的移动互联网流量消费数字为例,2013 年全年同比增速 70%。国家统计局在社会消费品零售总额统计中并未包括网购消费,而网购对社会消费品零售总额的影响正逐渐上升。比如北京市 2013 年网购消费占社会消费品零售总额的比例已经达到 10.5%,拉动消费总额 3.6 个百分点,浙江省的“电商换市”战略已使得网络销售占社会消费品零售总额的比重达到 15%。二是收入增速下滑的影响也部分被消费信贷的上升所抵消。消费信贷增速从 2012 年的 15.4%上升至 2013 年的 21%,家庭部门加杠杆对于消费的支持表现为短期消费信贷如车贷的快速扩张。但从 2013 年 8 月以来消费信贷增速见顶回落。从未来稳增长政策考虑,消费信贷相关支持政策可以是促收入增长之外的另一个关注点。

(三)总体投资需求保持平稳,基建投资仍是稳增长支柱

1. 房地产投资前景难以乐观

房地产投资在前两个月仍保持近 20%的较快增长,然而无论是房地产价格、房地产销售、新开工面积还是房地产开发企业到位资金情况都不乐观。其中,房地产价格环比与同比增速均有所放缓,即使是 2013 年全年价格增速较快的一、二线城市也出现了松动迹象。价格松动的背后是房地产销售的降温,年初房地产新开工面积大幅负增长与房地产销售的走弱预示着房地产投资面临下行风险。

2013 年房地产投资占固定资产投资的 20%,占 GDP 的 15%;土地出让金总计约 4.1 万亿元,增长 53%,创历史新高,约占地方本级财政收入的 60%。截至 2013 年末,金融机构对房地产商的贷款(人民币 14.6 万亿元)约占人民币贷款余额的 20.3%,而房地产按揭贷款余额占人民币贷款

余额的 6.4%，因而房地产行业相关贷款占人民币贷款的份额升至26.7%，较 2012 年上升近 4 个百分点，约为 2009 年（13.7%）的两倍。房地产市场关联众多产业，对国民经济的影响日益举足轻重，“大而不倒”意味着未来房地产市场下行可能带来新的政策困境，政策层面应早作预案进行应对。

2. 基建投资略有加快，未来仍是稳增长的中坚力量

受铁路投资增速加快影响，基建投资今年前两个月略有反弹，前两个月同比增速为 18.8%，较 2013 年四季度加快 1 个百分点，较 2013 年 12 月加快 4.6 个百分点。以铁路为主的交通运输行业固定资产投资同比增速从 2013 年四季度的 12%加快至今年年初的 21%，基建投资中的城市基础设施相关行业投资也温和加速近 3 个百分点。

国内总需求的疲弱态势在铁路货运量等硬指标上也有所体现。铁路货运量前两个月同比负增长 3.1%，较 2013 年四季度 6%左右的增长大幅下滑，但略好于 2013 年二季度负增长 4.5%的水平。

3. 制造业受去产能及出口需求影响，今年难有大的行情

2013 年制造业投资增速为 18.5%，低于整体固定资产投资 19.6%的增速。究其原因，一方面是受制造业去产能影响，另一方面是受外部需求相对疲弱地拖累。此外，位处 6 大产能过剩行业之首的钢铁行业占整体固定资产投资的 1.5%，压缩产能对于该行业投资的影响在 2013 年已经有所显现，全年钢铁行业固定资产投资同比仅增长 0.7%，比 2012 年回落 3.7 个百分点，处于历史低位。今年年初政府工作报告计划全年压缩钢铁产能 2700 万吨，其中河北缩减产能 1500 万吨，都将继续对制造业投资带来下行压力。

(四)工业增加值增速放缓明显,显示需求疲弱

1. 工业增加值回落主要反映在汽车生产等行业

工业增加值增速从2013年年末的9.7%回落至今年1—2月的8.6%,为2009年4月以来的低点,季调后环比增速仅温和放缓。分行业看,占工业增加值7%的汽车生产较2013年末放缓了5个百分点,对前两个月的工业增加值增速负贡献0.4个百分点。

2. 企业去库存仍在持续,产能利用率有所回落

由于缺乏库存数据,笔者用汇丰制造业采购经理指数(PMI)中产成品库存以及产能利用率数据来考察工业部门的库存周期以及产能利用情况。今年1—2月产成品库存指数为50.4,该指数自2013年年中开始就在盈亏平衡点附近徘徊。由于企业对未来需求面预期偏悲观,原料采购需求疲弱,产能利用率在2013年年中明显反弹之后,至四季度见顶回落。此外,工业相关原料中的金属价格降幅明显,其中钢材、铜、镍等价格持续回落,也从另一个侧面反映需求相对弱势。

3. 去产能影响仍可能在未来继续拖累工业增加值增速

以黑色金属采选和冶炼压延行业为例,该行业占工业增加值的8.5%左右,今年1—2月其同比增速比2013年年末下降约1个百分点。其中粗钢产量从12月的6.5%大幅下滑至1.7%。尽管目前各地区的产量数据尚未更新,但是钢铁大省河北(产量占全国的1/4)的粗钢产量在2013年末已经出现负增长,这一变化与2013年11月以来的化解产能过剩措施有关。

(五)就业市场状况与经济发展关系分析

1. 我国就业与经济增长之间存在相对稳定的关系

从 2013 年年中的政策表述到今年两会总理所作的政府工作报告,都强调了就业与 GDP 增速的关系。从 2013 年的数据来看,一方面城镇就业同比增长 3.1%,为 1995 年以来最低增速;另一方面 GDP 增速也从 2010 年的 10.4%逐步回落至 2012 年及 2013 年的 7.7%,城镇就业增幅的回落与 GDP 增速的回落幅度基本一致。这也是今年在政策层面将增长目标定在 7.5%左右的重要原因。

2. 汇丰 PMI 中的就业分类指数表明当前劳动力市场持续承压

汇丰综合 PMI 与统计局的 PMI 数据均显示,当经济增速在 8%以下时,其就业指数均低于 50(处于收缩区间)。鉴于城镇就业增速与汇丰 PMI 的就业指标高度相关(汇丰综合 PMI 就业指数相关度 0.9,官方制造业 PMI 相关度 0.85),因而在当前缺乏全面及时反映劳动力市场数据的情况下,PMI 作为月度高频指标可以作为监测劳动力市场景气程度的重要参考。目前汇丰综合 PMI 的就业指标为 48.8(1 月份为 48.9),低于 2013 年四季度略高于 50 的水平,也是继 2009 年经济危机时创下历史性低点(47)之后的最低值。

3. 劳动力供给仍相对充裕,每年创造新增就业的压力不减

根据日前公布的《国家新型城镇化规划(2014—2020 年)》,常住人口城镇化率预计将从 2013 年的 53.7%提升至 2020 年的 60%左右,即城镇化率将继续以平均每年接近 1 个百分点的速度推进,这意味着每年仍将有约 1300 万农村人口向城镇转移。考虑到 15—64 岁劳动年龄人口占总人口的比重仍保持在高于 70%的水平,那么每年新增的农民工供给仍有

近1000万人。而近些年高校扩招的影响意味着今后两三年每年的应届毕业生约700万人,因此,青年人的就业压力仍然十分严峻。

4. 从稳就业及保持债务动态平衡的角度出发,7.2%的增长底线不应冒险突破

根据以往经验来分析,过去两年GDP增速为7.7%,大学生就业问题凸显,农民工工资增长明显减速,城市中自愿和非自愿啃老族迅速壮大,社会矛盾在局部激化,但仍未突破底线。局限于目前不完善的就业数据,本文判断目前基本社会状况以及社会矛盾和问题的积累都显示我国社会对于年轻人失业率容忍度相对从前有所下降。国际上不少国家的经验教训是青年失业率高企的国家,社会安定往往受到冲击,同时政治动荡的风险大大增加。

在政策层面也应注意到,就业与经济增长的关系并不是稳定的线性关系,经济增速下滑至底线以下可能造成就业市场加速恶化。从风险评估的角度来看,GDP再下一个台阶对于就业市场的影响难以估计,不应冒险尝试。

此外,目前我国总体债务占GDP的比率已经接近200%。假设债务平均成本为5%~6%,就意味着总体债务水平在没有新增债务的基础上仍在继续扩张,存量债务还本付息要求名义GDP保持10%~12%的增长。这也是欧债危机的一个经验教训:要保持总体债务的动态平衡,不仅要控制新增债务量,还要控制经济增速不能快速下滑。即便是从预期管理的角度出发,如果经济明显下滑会影响企业及家庭部门对未来的预期,并进而影响具体的消费及投资决策,而稳定预期、及时准确的预期管理也可以起到稳增长的辅助效果。

对我国经济增长水平的总体判断

通过对潜在增长率水平进行估算，本文认为目前7%～8%的经济增长水平仍然低于潜在增长率。此外，通过目前物价水平的走势也可以反过来度量实际经济增速相对潜在增长率的差距。2013年全年消费物价指数CPI为2.6%，几乎从2011年5.4%的高位减半。然而生产价格指数PPI已连续两年处于通缩区间，且难以在今后几个月摆脱负增长；同时GDP平减指数从2011年的8%～9%陡降到2013年二季度至今的不足1%。尽管PPI的通缩反映了全球大宗商品价格下降的影响，但根本原因在于需求相对不足而造成的产能过剩压力。

从今年前两个月经济运行综合来看，在出口没有显著下滑的背景下，内需的走弱势头明显。而3月至今的一些微观运行数据显示，经济较前两个月并未明显回暖，主要原料类工业品价格仍在继续下跌显示需求仍然偏弱。3月上旬的大中城市商品房销售增速进一步走低，因而经济仍存在加速下滑的风险。假设目前的政策力度、措施都不变，经济可能下滑到7%以下。

促进我国经济稳增长的政策建议

为应对经济下滑的风险，日前国务院常务会议公布了一系列稳增长政策，其中包括关于研究扩大小微企业所得税优惠政策实施范围、对棚户区改造加大金融支持、加快铁路建设及深化铁路投融资体制改革等内容。笔者认为，2014年作为新一轮改革元年，落实全面深化改革的政策措施无疑是全年的政策重心所在，需要处理好推改革与稳增长之间的关系，在财政政策、货币政策及其他政策方面协调配合。

(一)在改革过程中应兼顾稳增长

由于改革的政策措施对于经济短期增长的影响不一,因此,在选择改革政策组合方面,应考虑加紧出台短期内有利于稳增长的政策。目前面临经济下行压力加大,为确保经济增速在7%底线以上,在改革政策措施推进的同时应兼顾稳增长的需要。一是继续大力推进简政放权,加紧出台鼓励和激发民间资本活力的政策措施,进一步降低民营资本进入更多行业的市场准入门槛。二是要破除国有企业在诸多服务行业中的垄断地位。比如,在银行业、电信、运输、教育、医疗等服务性行业中,国企仍然占据主导地位。引入民间资本,加强竞争将有助于提高整个行业的效率和产出。三是为防止经济下行时地方财政加大税收征缴力度进而加剧经济周期性波动的逆向选择,可以考虑针对中小企业推出更多的实质性减免税费政策。

(二)加大财政扶持力度,适当加大利当前、惠长远的民生工程投资

1. 推动项目债改革,加大与城镇化相关的基础设施建设投入

在城市化快速推进过程中,我国城市基础设施,包括地铁、铁路等在内的公共基础设施需求巨大,仍具投资潜力。即使与我国处于同一发展阶段的新兴工业化国家,如20世纪70年代的韩国相比,我国的路网密度也仍然差距巨大。从融资来源的国际经验看,基础设施融资更宜以长期债务融资为主,而非短期融资(如银行信贷)。因而,加大长期基础设施投资债券发行规模是可行的解决方案。比如,国开行新近成立的住宅金融事业部就意在通过向金融机构筹资发行住宅金融专项债券,重点用于支持棚户区改造和城市基础设施相关工程建设,这一创新既有助于降低基

础设施的融资成本，又便于统一监管。

2. 加大中小企业减税力度，提升企业活力

国务院已扩大了小微企业所得税优惠政策的实施范围，将年纳税所得额6万元的标准进一步较大幅度提高，并将政策截止期限延长至2016年底。在之前的税收优惠政策执行过程中，仅有极少数中小企业符合享受所得税优惠的政策条件，占比过小，因而政策优惠的效果并不明显。建议将年征税所得额的优惠标准大幅提高，或者直接提高增值税和营业税的起征点，给创造就业的主力——中小企业切实减负，提升企业活力，促进可持续发展。

3. 适当增加环境及污染治理方面的财政支出

今年的财政预算报告明确了2014年与环保相关的财政专项支出较2013年增加7.1%，为2109亿元。以北京为例，节能环保支出预算同比增长45.1%，达到107.5亿元，其中治理雾霾专项支出5.8亿元。根据估算，环保财政性支出需要达到3900亿元才可能有效控制污染，从长期来看，这也是一项系统性工程，建议进一步扩大环保和污染治理方面的财政支出。

4. 加大农村转移人口市民化过程中相关社会福利及社会保障支出

社科院的测算显示，农村转移人口市民化的人均公共成本约为13万元，其中包括社会保障、教育以及城镇化后的生活发展成本，每年要解决2500万人的城镇化问题需要政府一次性投入6500亿元，相当于2013年公共财政收入的5%。因此，加大农村转移人口市民化的财政支出保障也是城镇化过程中的重要一环。

(三)发挥货币政策对实体经济的支持作用,防止利率水平大幅上升

1. 关注融资成本上升可能产生的逆向选择问题

尽管在利率市场化的过程中通常伴随着融资成本上升,但政策层面应关注可能造成的逆向选择问题。高利率显然无助于消除对利率水平不敏感的地方政府融资平台、公共部门以及房地产行业的投资饥渴,相反却会打击民营经济部门本已走弱的增长动力。此外,打破刚性兑付对于金融市场风险偏好的正常化以及防范道德风险具有长期的积极影响,但短期内会进一步推动利率中枢上升,并对民营经济构成冲击。

2. 货币政策不宜收紧

建议货币政策一方面要为实体经济提供保持适度增长所需的信贷支持,另一方面通过流动性管理工具保持适宜并相对平稳的利率水平,防止出现利率水平大幅上升的情况。此外,在加大对金融机构表外业务监管的过程中,应避免利率水平过高可能造成金融机构逆向选择而收缩对民间投资及中小企业的资金支持,因此,货币政策不宜收紧。

随着财政政策及货币政策等相关稳增长政策措施的落实及见效,预计我国经济能避免加速下滑并于二季度企稳,因而本文对今年全年 GDP 增速在 7.5%左右的预测保持不变。

(本文原载于《债券》2014 年 4 月刊)

经济回调有望触底

张立群

2014年以来,我国经济增速进一步下降。一季度GDP增长率7.4%,较上年四季度回落0.3个百分点。在定向调控措施的作用下,二季度经济增长回稳,GDP增长率略升到7.5%。但7、8月份工业增长率持续下降,其中8月仅为6.9%,较7月份大幅下降2.1个百分点。尽管9月份工业增长率回升到8%,但三季度GDP增长率仍然降到7.3%,又呈下行态势。分析经济下行的原因,主要是房地产行业的调整以及由此导致的房地产投资增速持续下降。

市场需求对短期经济增长具有决定作用。预计2015年,投资、消费、出口需求的增长态势将趋于平稳,据此可以判断经济增速回调基本触底。

投资增长将基本趋稳

首先,房地产投资增速回落态势有望结束。目前房地产开发企业主

本文作者时任国务院发展研究中心研究员。

要集中在大城市,而其首要困难是卖房难。应该认识到,大城市买房需求不振是短期现象。因为一线和比较发达的二线城市人口规模大,而且人口数量还在增加,居住性买房需求量很大且在继续增长。大城市出现卖房难,主要源于买落预期引起的持币待购心态。居住性需求与投机投资性需求不同,只可等待而不会消失。而随着收入增长和房价趋降,房价收入比会降低,居民买房能力会提高。这些都意味着在大城市房地产市场走冷的同时,买房需求已在不断蓄积之中。

一方面,大城市对房价回落的预期,根本上是由大城市房价走低态势所决定的。但这些年来大城市土地资源日益紧张,土地价格上涨较多,房地产开发成本持续提高,大城市房地产企业让利销售空间有限。由于在大城市发展的房地产企业一般具有较强实力,承受销售困难的能力一般也较高,因此大城市房价预计不会持续下降。随着时间推移,大城市房价回落的预期必然会发生改变。与此同时,自 2014 年下半年开始,地方政府针对各自房地产市场的不同问题,分类施策,纷纷取消限购,调整相关调控措施。9 月 30 日,央行、银监会发布通知,对房贷政策作出调整,放宽首套房贷的优惠范围,给予商业银行更大的自主调节空间。这表明市场与政府政策的作用正在结合起来发挥作用。据此判断,一二线城市因预期而受到抑制的居住性买房需求,会在 2014 年四季度开始逐步加快释放,房地产企业卖房难的困难会逐渐得到缓解。

另一方面,大城市政府也应该高度重视房地产企业拿地难的问题以及由此对房地产业发展所造成的制约。应该与新型城镇化的要求紧密结合,在完善城市规划布局、加强基础设施特别是地下基础设施建设、增加住房建设供地等方面下功夫。增加大城市住房建设供地,提高土地利用效率。在销售形势好转和住房建设供地增加的共同支持下，房地产业的转型升级活动有望转为比较温和的模式，房地产投资将出现由落到稳的变化。

其次，目前政府主导的基础设施投资已经基本形成一个可持续的模式，包括：通过优化财政支出结构增加基础设施投资资金；发挥财政资金四两拨千斤的作用，积极引导民间投资参与基础设施建设；选择好基础设施投资项目，与区域经济协调发展和新型城镇化目标结合，在跨区域重大基础设施、城市地下基础设施以及环保和信息基础设施建设方面加大力度；保持合理的增长水平等。尽管当前一些地方政府出现债务到期、土地财政弱化等困难，但考虑到我国财政赤字率较低、政府债务规模仍在风险线以内、政府债务都对应一定的资产等因素，财政资金和银行资金都还有回旋运作空间。因此，基础设施投资增速预计可以保持在20%以上。

在房地产和基础设施投资带动下，制造业投资预计也会由落到稳。综合分析，预计2015年投资增长率为16%左右。

消费将保持平稳增长

近年来保就业的政策效果比较明显，就业形势比较好。在服务业发展势头比较好、小微企业数量增长比较多等因素支持下，特别是在以保就业为底线的稳增长政策支持下，预计2015年就业形势仍会较好。

就业增加和政府保障基本民生政策的落实，预计会继续支持城乡居民收入平稳增长，进而支持消费平稳增长。此外房地产和汽车市场的调整，有望在2015年趋于平缓，其对消费的负面影响预计会减弱。综合这些情况，预计2015年消费实际增长率为10.5%左右。

出口增速下降过程将结束

综合来看，2015年世界经济仍呈继续恢复态势。尽管存在持续宽松货币政策对世界经济，特别是新兴经济体经济的负面作用加大，存在地缘政治紧张局势升级、金融市场可能迎来调整等风险因素，预计2015年国际市场很可能最终仍是保持平稳，我国出口的外部环境大体稳定。

从我国出口企业状况看，也在进入竞争力由降转稳的过程。2008年以后，我国出口企业成本持续提高，依靠低成本支持的企业竞争力持续减弱，这是导致出口增速下降的重要原因。近年来，出口企业努力在研发能力、品牌竞争力、成本管理能力和职工队伍素质等方面形成新的竞争力，并逐渐取代以低成本支持的竞争力，出口企业竞争力开始进入由降到稳的时期。综合以上分析，可以判断我国出口增速的下降过程基本结束，2015年出口增速预计为7%左右。

对经济走势的整体判断

上述分析表明，投资、消费、出口等市场需求已经大体趋稳，因此预计经济增长回调过程将大体在2015年结束。从市场需求分析看，预计2015年经济增长率可以达到略高于7%的水平。

（本文原载于《债券》2014年11月刊）

中国需启动新一轮经济增长

陈兴动

不能任由经济增速探底

近4个季度以来，中国经济下行压力比预期要大。尽管5月份以来一些数据有所变动，但还须持续观察可能好转的迹象。

经济增速放缓的原因，主要来自三个方面。第一，经济增长面临结构性制约，以往采用的周期性刺激经济的办法难以解决结构性问题，刺激政策不仅出现了边际效应递减，甚至出现当期刺激政策只在当期有效。第二，纠正地方政府和金融体系的问题是正确的，但进一步带来了经济增长下行的压力。第三，反腐是中央非常英明的决定，但客观上有一定的影响。地方政府做事的动力不足，行政不作为、少作为、不敢为、不知为，工作效率下降。李克强总理指出"不作为的'懒政'也是腐败"，就是一个证明。

本文作者时任法国巴黎银行全球资本市场中国经济研究主管兼首席经济学家。

我们能否对当前经济增速下行置之不理，任由其继续探底甚至突破底线？还是应启动新一轮经济增长，用增量来解决存量的问题？我倾向于后者。如果把中国经济增长比作开车，车现在出了一些毛病，我们是停下来修理，还是边开边调整？如果停下来修理，很可能会失去很多机会，也可能修着修着发现根本修不好，车反而很难再开起来了。

从正面来看，我们要实现中国梦，经济增长是基础。2020年GDP要在2010年基础上翻一番，达到全面小康，算下来GDP增长率年均不能低于6.7%。

从反面来看，如果经济增速急剧慢下来，会面临各种风险。

短期来看，主要有四个风险。一是就业风险。虽然整体来看就业情况尚好，但一季度初现端倪，城镇新增就业人数比去年一季度减少了20万人，在历史上是第一次。从企业方面来看，用工需求没有增长，这在不同机构编制的PMI指数里都有体现。同时，产能过剩的企业开始关门歇业，这会导致结构性失业。二是通货紧缩风险。自去年9月以来，CPI一直停留在“1时代”，最低一个月曾经达到0.8%；PPI已经38个月负增长。如果拘泥于理论，会认为CPI要到负值才是通缩；但中国是发展中国家，结合实际情况，CPI在1%以下就要考虑进入通缩了。相较通胀而言，通缩的治理要困难很多。三是金融风险。我们统算了政府、企业与居民三方面的债务总额，大约是139万亿元，是GDP的220%。从绝对数值来看，债务率不低，但与日本等国比，还不是太高；问题在于增长速度太快——2007年，中国全国债务总量还不到40万亿元，7年间涨了100万亿元，每年债务增长速度超过24%，远远超过GDP增长速度。同时，债务成本很高，以7%来估算借债利率，一年全国利息支出9.8万亿元，相当于

2014年GDP的15%,也就是大约两年的经济增长速度。去年11月以来人民银行数次降息,借债成本有所降低,但债务和利息总量还是相当可观。如果经济下行,企业可能连利息都还不起,银行坏账将迅速暴露。四是财政收入下滑风险。2015年财政收入预算增长7.3%,但今年1至5月,财政收入增长仅为5%;扣除部分政府性基金转列一般公共预算影响,同口径增长低至3.1%。保证财政收入完成预算增长是政府完成各项行政计划的基础。

中长期来看,中国面临中等收入陷阱的风险。中等收入陷阱是指某经济体的人均收入达到世界中等水平后,由于不能顺利实现发展战略和发展方式转变,新的增长动力特别是内生动力不足,经济长期停滞不前。简单来讲,就是国家在发展中逐渐失去竞争力,面临困难境地——一方面由于收入提高,劳动力成本竞争不过发展中国家;另一方面技术没有进步,竞争不过发达国家。亚洲的菲律宾、马来西亚,南美洲的巴西、阿根廷,都落入中等收入陷阱数十年没能走出去,经济萧条,甚至出现债务危机。而日本、韩国则成功冲破了陷阱,实现了产业转型,步入高收入国家行列。目前,从数据来看,中国的人均收入已经接近中等收入的上线,但人口结构也出现变化,16至60周岁的劳动年龄人口绝对数量已连续3年下降。如果2030年不能完成工业化和城镇化,中国将成为一个未富先老的国家。

中国经济存在的主要问题

由前面的分析可以判断,中国经济走到了一个十字路口,确实有必要启动新一轮经济增长,来避免短期和中期风险变成现实。

为了让刺激措施有的放矢，我们需要分析中国经济到底哪些地方出了问题。中国经济不是全盘有问题，从宏观数据来看，自 2012 年开始第三产业的增长就已经超过了第二产业。今年一季度，就名义增长而言，服务业对 GDP 增长的贡献达到 82%，可以说相当不错。出问题的是传统型工业经济这部分。比如工业制造业 3 月份的名义增长只有 0.53%，这个数字太低了；一季度出口增长只有 1.6%，这与制造业的数据表现差是相互印证的。出口已经不再是中国经济增长的拉动力，反而拖了后腿。当然，在总需求中，最大的问题还在于投资，今年 1 到 3 月固定资产投资还有 13%的增长，但 1 到 4 月份就变为了 12%，意味着 4 月份的固定资产投资增速已经掉到 10%以下。更加严重的是，在建项目预算投资的增长速度只有 5.4%，而今年固定资产投资增长计划要达到 15%，项目不足怎么达到？对微观企业层面的调查也显示，现在企业经营困难的主要问题不在于资金不足，而是没有订单，缺乏需求。

从近期政策来看，应当说政府已经意识到相关问题，并出台了一系列政策。首先是发改委推出 7 类重大工程项目包，提出总投资金额 1 万亿元的轨道交通项目，1 万亿元的地下管网改造项目，1 万亿元的电信改造项目，以及投资量非常大的京津冀一体化项目等。从货币金融数据来看，1 到 4 月新增的社会融资规模与去年同期相比增量减少 21%，考虑到贷款中借新还旧占到相当比重，以及表外贷款转回表内，可以推断新增融资量非常少，需要货币政策进一步放松。由此，人民银行进行了降息、降准等总量宽松型政策，并通过创新金融工具对政策性银行开展了定向宽松政策，来解决结构性问题。同时，房地产方面各地出台利好政策，稳定了市场，这对中国短期经济增长至关重要。最后，是解决地方债问题，财政部下达了两批1万亿元地方政府债券置换存量债务额度，降低了融资成本，缓解了还债压力。在以往中国经济的主要推动力中，第一推动力就是地方政府，之后依次是国有企业、外资企业和民营企业。解决好地方债问题，才能让地方政府恢复融资能力，推动经济进一步发展。

中国经济未来增长的动力

中国经济应该怎么办？未来靠什么拉动增长？

从中长期来看，服务业将是一个潜力巨大的新增长源。服务业近几年的增长速度很快，现在占GDP比重已经达到50%左右，但是和发达国家80%的占比相比，还差约30个百分点，因此还有较大发展空间。其次是推动消费。2014年中国最终消费支出对GDP增长的贡献率达到51.2%，比上年提高3个百分点，但是，居民消费还只占35%左右。消费不断增长的趋势是可持续的。

但上面两个都是慢变量，怎么解决当前短期的经济增长问题呢？当我们考察潜在经济增长率时，潜在经济增长取决于三因素：一是新增劳动力；二是资本存量的增长；三是全要素劳动生产率的提高。20世纪80年代中国经济增长主要靠资本存量增长，90年代劳动力和劳动生产率都在提高；2000年到2008年劳动生产率很高；2009年到2011年主要靠资本存量的增长，也就是投资，劳动力增长率和全要素生产率增长受到了限制。这意味着很多投资投向了无效率领域。从当前中国的现实情况来看，资本的形成也就是投资，仍然是未来经济增长的关键点。但是，不能再重复以往无效率、低效率的投资，要让投资更加有效率，投资要讲回报。

新一代领导人上台后，鉴于中国经济发展水平和其在国际政治经济中的地位,开始站在国际角度布局中国经济的未来发展。我们观察到,中国于2013年10月正式提出"一带一路"倡议。"一带一路"沿线国家拥有全世界人口的60%、占全球GDP的30%,设计重在互联互通,存在大量的基础设施投资机会,可以带动基础设施建筑设备和建筑材料的出口,带来大量的外部需求。这无疑对于解决中国的资本过剩、制造业产能过剩局面有重要意义。在中国的带动下,日本政府决定拿出1100亿美元进行相关投资,亚洲开发银行决定对亚洲基础设施投资翻一番,世界银行决定向亚洲基础设施每年投资500亿美元,再加上中国丝路基金的400亿美元,全部国际承诺资金达到了4000亿美元。

从国内角度来看,城镇化远未完成。尽管统计数字显示,中国城镇化率2014年达到54%,但是若考虑户口控制因素,真正经济学意义上的城镇化率恐怕不会超过45%。推动加快城镇化是保持中国经济中高速增长的决定性领域。相较于其他工业化国家,中国的城镇化过程缓慢,起点也低。经济学意义上的城镇化伴随着改革开放于20世纪80年代初才开始,由于户籍管理的控制,人口城镇化速度大大慢于土地城镇化。现在大约有1.25亿农村人口在城市居住和工作,但没有城市户口,所以接下来要推进人口的城镇化。根据规划,城镇户籍人口要从2013年的4.8亿人上升到2020年的6.5亿人,增加约1.7亿人,增长35.4%,每年增长要达4.4%。

推动中国城镇化还有一个重要方式,就是区域整合,包括京津冀一体化、长江流域的区域经济整合、东北老工业基地的振兴、东部地区城镇带和消费社会的培养。特别是东部消费社会的培育和发展经济意义重大,将推动东部工业升级,一般工业制造业转移布局到中西部,东部地区成为中西部制造品的销售地,将极大地减少中国经济的对外出口的依赖程度。以京津冀一体化为例,北京人均GDP已经达到16000美元,天津人均GDP达到17000美元(天津人均超过北京GDP可能有统计问题),而河北人均GDP只有6500美元。如果帮助河北发展起来,拉升河北人均GDP,相对还是比较容易的。在京津冀整体规划中,要做交通一体化、制造业再布局、污染整治的一体化、能源结构改造,要把北京的非首都功能转移出去,要建设9500公里的轻轨和铁路,9000公里的高速公路,要对9个环渤海的亿吨吞吐量港口进行整合,要把本地区的4个机场进行整合,要对495家大的企业和777条生产线进行改造。到2020年要完成这些工作,投资量绝对不是一个小数目,估计会有几十万亿元。

如果依照上面所说的状态走下去,可以得出两个推论:一是从短期来看中国经济可能在二三季度触底;从中期来看中国经济将会迎来新一轮增长,这个增长不是9%、10%的增长,而是6%、7%到8%的增长。二是中国通过带动亚洲基础设施投资、推动本国城镇化进程,将带动能源、建筑材料等行业,对大宗商品的需求会上升。从全球角度看,大宗商品的通缩有望在今年底、明年初结束。

中国经济增长面临的挑战

当然,上述情形能否顺利出现,也面临一些变数和挑战。

从国际方面看,首先,是美国对中国的态度到底如何。过去美国对中国的改革开放、经济增长是非常支持的,但随着中国经济不断发展壮大,中国成为一个兴起的大国,作为守成大国的美国,态度已经发生明显改变。所以习近平总书记说要与美国建立"新型大国关系"。但从美国的表态来看,对此并不积极。其次,人民币国际化程度的提高也带来挑战。人民币资本项下的开放和国际化,使得中国的货币政策不再只是国内的货币政策,而具有地区性、国际性货币政策的色彩。中国在货币政策独立、汇率稳定和资本自由流动三者之间应如何平衡,这也是一个挑战。

对于国内而言,首先,现在各种观点、论调很多,如何像当年号召大家搞改革开放那样,把全体人民都调动起来,让全社会朝着一致的方向努力,这个挑战蛮大的。其次,刚才提到经济增长的动力存在不足,如何增强来自地方的动力,如何在"政府之手"不能再强行起作用的情况下推动经济复苏,这也是一个挑战。此外,如何理顺投融资体制、"铺好管道",将水库里的资金之水灌溉好项目这块稻田,这是第三个挑战。

要应对上面的挑战,我认为五项改革最为关键:国有企业改革、金融制度改革、财政预算税收制度改革、土地制度改革以及城镇化改革。要充分挖掘改革红利,逐渐填平经济增长的洼地,才能完成中国经济增长的目标,实现中华民族伟大复兴的梦想。

(本文原载于《债券》2015 年 7 月刊)

从价格视角观测宏观经济走势

刘建伟

当前,我国正处于“三期叠加”时期,稳定经济增长的任务十分繁重。因此,深入、客观以及多角度地分析宏观经济运行状况十分重要。宏观经济分析方法众多,但从价格角度出发观测经济走势,不失为一种简单快捷的方法。

三大价格指数的走势

我国编制发布价格指数的部门、机构较多,价格指数信息也较多。一般来说,在分析宏观经济形势时,最重要的价格指数有三个,即居民消费价格指数(CPI)、工业生产者出厂价格指数(PPI)和商品房销售价格指数(HPI)。

(一)CPI走势

2014年8月份,CPI同比上涨2.0%,之后涨幅一直处于“1”数量级

本文作者时任国家统计局城市司高级统计师。

上，直到 2015 年 8 月才重返 2.0%（见图 1）。从扣除食品和能源价格的核心 CPI 来看，一直稳定在 1.6%左右，比 CPI 最终结果略高。

CPI 的走低源于多种因素。首先是"天帮忙"，近两年总体来看，我国天气状况不错，没有出现大的自然灾害，这有利于粮食、鲜菜鲜果的生产。其次是经济下行压力较大，作为上游指数的 PPI 一直处于负值，没有向 CPI 传导的压力。最后是房价下降，特别是 2014 年房价整体下滑严重。房地产一、二、三级市场的运行具有联动性，新房、二手房交易和租赁市场之间价格变动具有明显的传导效应；此外，建筑装修材料价格也会受一定影响。

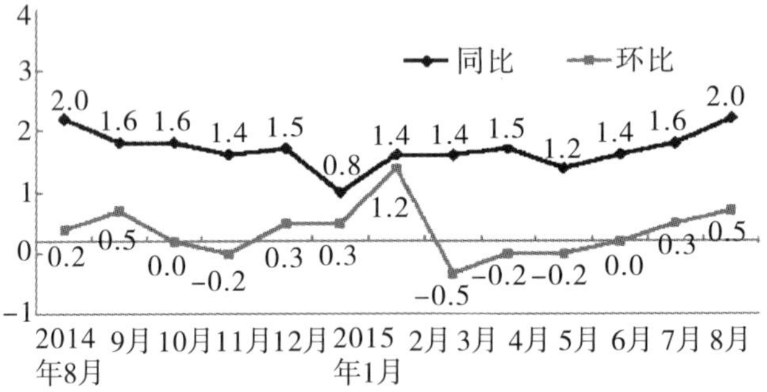

图 1　全国居民消费价格涨跌幅（单位：%）

资料来源：国家统计局网站

（二）PPI 走势

从目前情况看，关注 PPI 的相关人士还不太多，其实这个指标十分重要。因为这个指标既可用于国民经济核算，又是反映工业经济走势的先行指标。

近期，PPI 环比持续下降，同比降幅依然较大（见图 2），主要影响因素是"三黑一色"价格降幅较大。从 PPI 编制构成看，影响 PPI 的主要品种是"三黑一色"，即钢材、煤炭、原油以及有色金属，这几个品种在 PPI 中占比达到18%左右。同时,由于这几个品种价格弹性比较大,又受国际市场价格影响大,因此当它们价格持续下跌时,PPI定会随之不断下降。

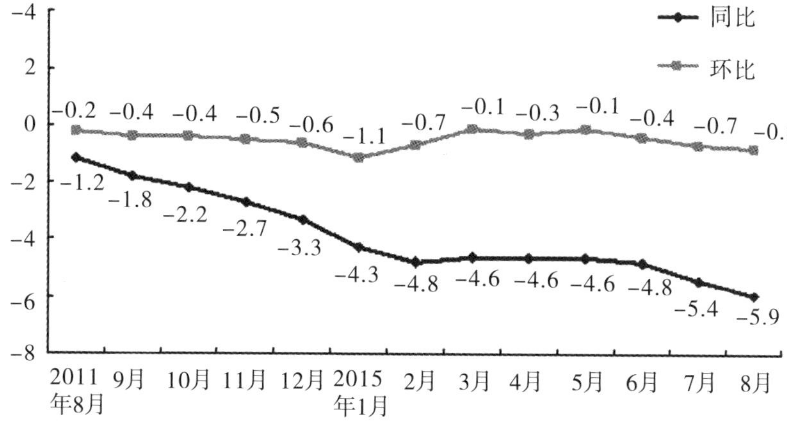

图2　工业生产者出厂价格涨跌幅(单位:%)

资料来源:国家统计局网站

(三)HPI走势

投入产出表显示,房地产行业影响到国民经济大大小小38个行业,牵扯面广,影响的上下游行业多,对经济走势的牵动性强。

2013年,70个大中城市房地产市场购销两旺,房价大幅上涨。进入到2014年,房价开始下跌。近期,部分城市特别是一线城市和二线顶级城市房价明显上涨(见图3)。但总体看,房地产市场地域特征明显,城市间呈分化态势,三、四线城市房地产市场状况不佳。预计未来我国房价走势不会出现大涨局面,而是以小幅波动为主。

三大价格指数告诉我们什么

上面,我们简要描述了近期三大价格指数走势情况,下面我们将综合

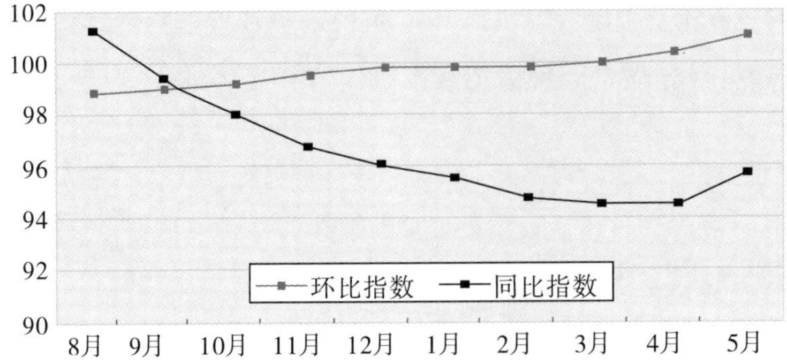

图3 HPI同比及环比数据近期走势

考虑这三大价格指数走势,以对未来经济走势进行研判。

总体看,CPI走势稳定且不高,给宏观调控政策的运用留出了空间;PPI持续下降,表明工业行业不景气,制造业需要解困;近几个月房价有所上涨,但预计后期走势不会大幅上涨,将会以波动为主。综上所述,未来一段时期稳增长任务依然较重,加大改革力度、不断释放改革红利显得十分重要。

(本文原载于《债券》2015年9月刊)

钱荒的产生原因及后续冲击

潘向东

最近半年多以来,“钱荒”两度成为金融市场的焦点词汇。

2013 年 6 月,货币市场利率急剧飙升,当时虽然存在财政存款集中交付、外汇占款负增长和银行表外业务监管加强等因素,但市场舆论最终将钱荒的原因归结为央行的“去杠杆”操作和没有立即向市场注入流动性。12 月,货币市场利率再次快速攀升,尽管央行采用公开市场短期流动性调节工具(SLO)投放了流动性,但市场似乎没有对此给予“足够的重视”,利率继续沿着自有的轨道攀升。由此看来,央行在之前当了一次“替罪羊”。

从国内货币环境来看,14%以上的 M2 增速仅维持 7.7%左右的 GDP 增速,这足以显示货币政策是稳中偏松的。年中的钱荒可以归结于财政的集中缴款,但年末并不存在这一问题。2013 年二季度确实出现了国际资本的流出,这也成为 6 月份钱荒的解释理由之一;但三季度以来,外汇占款已经出现了持续的增长(见图 1),而同期利率中枢却在不断上移,因

本文作者时任银河证券首席经济学家。

此去责怪是美国 QE 退出导致外汇的流出，很难圆其说。随着主管部门对银行表外业务监管的不断加强，社会融资规模总量在 2013 年三、四季度与上半年相比都出现了较大幅度的回落（见图 2），认为是银行表外业务的快速扩张引起了钱荒，似乎与下半年的数据情况并不相符。

由此看来，原有解释钱荒的理论和分析框架，可能已经失效。需要市场去探讨钱荒背后的故事——究竟是什么原因演绎出每半年一遇的钱荒？

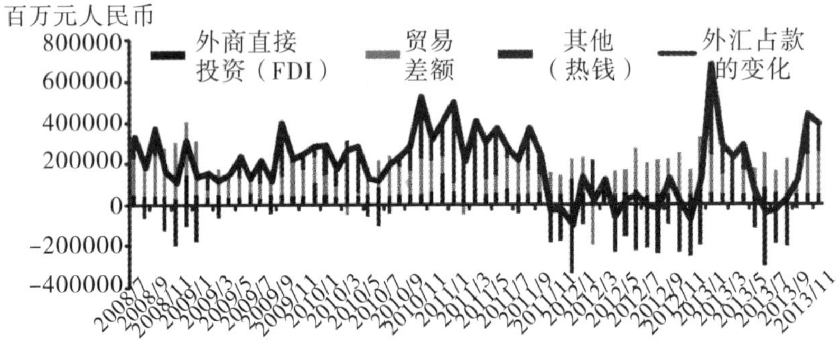

图 1　外汇占款走势

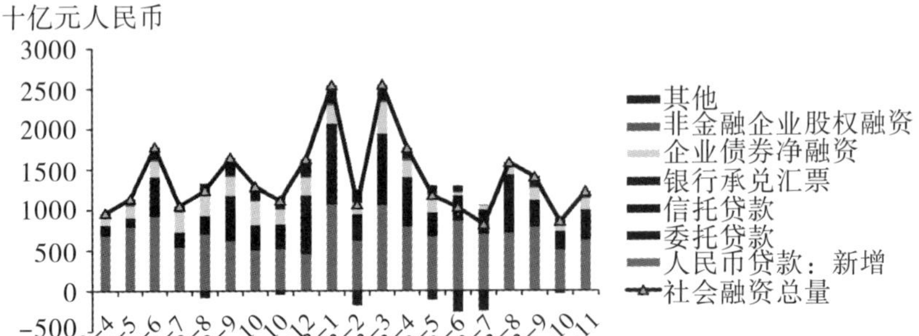

图 2　全社会融资规模走势

数据来源：Wind 资讯，中国银河证券研究部

钱荒产生的真正原因

笔者认为，产生钱荒的根本原因，是利率市场化进程的加快。通常所理解的利率市场化，是央行的存贷款利率放开管制。其实不止于此，利率市场化真正的核心是资金价格的形成机制市场化。这就要求不仅要放开利率管制，而且任何有资质的企业都可以自由进入金融业；没有牌照管制的门槛，金融市场成为一个充分竞争的市场。2013 年正是后者加快了改革推进的速度，才导致了钱荒的演绎。

在放开利率管制方面，2013 年年中，我国放开了贷款利率管制，在年末重启了同业存单业务。由于一直以来对金融牌照的管制，银行贷款的获取难度较大，因此放开贷款利率限制对银行经营所产生的实质影响有限。对银行系统冲击最大的存款利率，目前依然处于管制状态。

不过，随着金融改革的推进，存款利率管制受到了挑战。2010 年开始的货币总量调控、房地产调控和地方融资平台清理，导致 2011 年民间利率快速攀升，直接恶化了当时中小企业的发展环境。2011 年下半年，我国启动金融改革，加快推进有资质的企业进入金融业，从事银行业务或者类信贷业务。由于大行对中小企业的信贷投放有其天然的排斥，在政策的扶持之下，小额信贷公司迅猛发展。截至 2013 年 9 月份，全国小额贷款公司的总数达到 7398 家，涉及贷款余额为 7534 亿元。由于中小微企业的信贷利率远高于银行，很多民间资本便绕开银行直接进入中小微企业的信贷市场，加剧了银行获取存款的难度。由此对金融市场的冲击相当于存款利率管制放松，而这才是推动利率中枢上移的主要原因。

同时，银行表外业务近年来快速发展，到 2013 年 6 月，银行表外业务规模达到10万亿元,而这一数字在2010年时仅为约2.7万亿元。银行表外业务利率相对较高,必然冲击银行传统存款业务,导致存款明显分流。此外,货币基金的收益率远超过活期存款,而且灵活性与活期存款无差异,这就使更多的资金从存款账户搬家。这种存款搬家进一步加剧了银行揽储的艰巨性。

由于监管部门对银行核心指标的考核主要集中在几个时点,而非一段时期,这就导致在季末、年末等几个时点上,银行不惜高息揽储,令货币市场利率快速攀升。在理财市场和货币市场快速发展之际,一些金融机构的配置行为必然也会随着市场的这些变化而变化,从而对利率市场也形成"正反馈",进一步推升货币市场利率。因此,钱荒的出现是利率市场化和监管当局对银行核心指标考核时点化的"共振"结果。

钱荒背后的机理

为何在实施利率市场化的过程中会产生钱荒?这主要是在实行利率管制以及对金融业牌照门槛管制的过程中,由于经济体制的不完善,出现了利率双轨制——与政府扶持相关的项目和国有体制内企业从银行获取的贷款利率相对较低,而中小企业从民间以及银行表外获取的融资利率较高。

产生利率双轨现象的主要原因在于:其一,政府对银行拥有控制权。国有商业银行虽然经历股份制改造和上市,但产权的基本格局并没有发生太大的变化,政府对它仍然存在绝对的控制力。由于股权关系,国有商业银行的管理层(代理人)一般都是国家委派的,代理人会顺从委托人的意志。因此,对于政府投资的项目和国有企业投资的项目,银行的风险意识就会弱化，这些项目更容易获取银行支持。但对中小企业的信贷投放受追责因素影响，银行就变得异常谨慎。

其二，地方政府对经济干预过多。在经济增长有助于官员政治晋升的体制下，地方政府成为推动经济快速扩张的主要力量。一些地方政府为追求经济扩张，通过政府担保等方式扩大银行信贷，致使资金廉价地流入一些与政府投资相关或者与政府扶持发展相关的项目，无形之中增加了其他中小企业获取资金的难度。

其三，存款利率和金融业牌照的管制。由于政府对存款利率进行管制，出于风险考虑，居民在选择其存款时更偏向于选择有国资背景的大银行，从而使国有商业银行能够以较低成本获取金融资源。国有商业银行即便以较低利率贷给政府投资和产能过剩的行业，也能获取超额回报。由于金融业牌照存在管制，信贷市场并不是一个有效竞争的市场，而是一个依靠获取政府牌照来支持的市场，在这种条件下，金融资源的配置必然存在扭曲。

利率双轨制的最大弊端，就是导致金融资源错配，大量的银行信贷资金投向政府投资项目、房地产领域和产能过剩行业。与此同时，代表着未来经济转型希望的中小企业，其融资特别困难。这将直接影响经济发展的持续性和健康性。

钱荒的后续冲击

利率市场化改革关系到整个经济的持续健康发展。但要实现利率市场化，必然会带来冲击，这些冲击不仅是金融市场现在所看到的钱荒，而是对整个经济系统都会有所影响。

改革第一步,就是要实现利率双轨的闯关。在这方面,我国在20世纪90年代曾经经历过一次商品价格双轨的闯关。当时,由于市场轨的物资供应有限,物价不断升高,远高于计划轨的价格。在两条轨之间的价差给倒卖行为带来丰厚利润,吸引大量的生产者投身其中,发展生产的动能大打折扣,促使价格进一步上涨。在此背景下,1988年政府推出了并轨价格改革方案,但由于并轨导致价格上涨的预期增强,该年7月份全国物价总指数飙升至19.3%,8月30日国务院发出紧急通知,宣布物价改革的方案还要进一步修改完善。1992年,我国再次进行了强制闯关,当年商品和原材料价格都出现快速上升,1993年CPI达到14.7%,1994年CPI为24.1%。国有企业长期享用体制内低廉的生产资料计划价格,价格并轨直接冲击了其生产经营成本,所以20世纪90年代中期之后,国有企业迎来了持续困难期。生产资料价格则在并轨时急剧攀升之后,随着经济的低迷也迎来了长时间的持续低迷。

从商品价格双轨闯关的历程中不难看出,尽管闯关理顺了生产要素的市场化配置,有助于经济的中长期发展,但对当时经济和国有企业的短期冲击相当巨大,导致了商品市场快速出清。类似的是,近几个月金融市场已经体会到实际利率中枢的不断上移,理财产品收益率、国债收益率和货币市场收益率都在不断上升,并在年中和年末出现了钱荒。

预计随着利率市场化的进一步推进,冲击将不仅发生在货币市场,还有可能发生在更广泛的领域:

一是将冲击银行体系。随着银行牌照向民营资本和海外资本开放,存款竞争将加剧,无疑将提高整个银行体系存款利率中枢。与此同时,由于贷款利率已经是市场化运行,收益提升空间非常有限,其结果必然是银行的盈利水平在短期内出现下滑。

二是将冲击房地产市场和资本市场。短期内存款利率中枢的上移会带来债券市场收益率的提升，也会降低股票市场的吸引力。同时，原本想通过买房来实现资本保值增值的投资者也可能把资金转投向货币市场和理财市场，这会导致房地产的投资和投机性需求下降。

三是给宏观经济运行带来挑战。在利率实现并轨的过程中，体制内的资金利率必然逐步向体制外的资金利率靠拢，以前依靠政府资源获取低利率贷款的项目（主要集中在政府投资项目和地方政府主导的产能过剩行业贷款项目），其资金成本将快速提高。这将加重地方政府的债务负担，可能会加剧地方债务的违约风险，提升产能过剩行业国有大中型企业的破产风险。与此同时，利差收窄将恶化银行的资产负债表，促使银行收紧信贷。这一系列效应产生的冲击，可能会衍生出类似20世纪90年代生产资料价格并轨时出现的经济持续低迷和失业率快速上升。

为了减缓冲击的集中显现，预计我国将通过渐进式改革来实现利率市场化。在此过程中，货币的总量政策将维持相对的稳健，为改革营造一个较好的货币环境，以有利于改革的稳步推进。

（本文原载于《债券》2014年1月刊）

货币政策有望谨慎放松　房地产市场进入调整期

——专访姚炜

《债券》: 今年上半年,人民银行已经两次有针对性地下调部分金融机构的存款准备金率,以加强对"三农"和小微企业的支持。对于这种货币政策的调整您有何看法?

姚炜: 不管是定向降准还是全面降准,对流动性的影响都是类似的,通过几次定向降准也可以达到全面降准的效果。由于货币政策工具一般以调节数量为主,因此很难做到结构性调整。而定向降准的好处在于,可以对经济做一些结构性的调整,像再贷款,可以直接把钱交给需要的项目。

我认为如果经济增速不再出现如一季度看到的快速下滑,就没有必要再进行全面降准,央行对可以调结构的定向降准会加偏好。

《债券》: 定向降准具有可以调结构的优势,但市场也很担心资金最后的流向,是否能达到调控目的。对此您怎么看?

姚炜时任法国兴业银行中国经济学家。

姚炜：的确资金具有流通性，哪里回报高就去哪里。如果小微企业确实回报水平偏低，货币政策工具也无法准确控制资金的流向。因此，不管是定向降准还是政策微调，都只是周期性的政策，要解决小微企业融资难的问题，还是要靠改革，尤其是利率市场化的改革。

《债券》：为什么说利率市场化改革会有助于小微企业解决融资难问题？

姚炜：打破刚性兑付是利率市场化中最为重要的部分。现在私营企业之所以融资难，而国有企业融资相对容易，正是因为国企有国家的信誉背书，即所谓的刚性兑付。如果刚性兑付被打破，国企也要依靠经营状况借贷，那么私营企业融资就会变得相对容易。

进一步说，按照其他国家的经验，如果利率市场化可以更好地推进，直接融资的占比将会增大。大型企业可以通过债券等利率低于银行的融资方式进行直接融资，这样就迫使银行业务向中小企业发展，并且更加重视风险评估，关注小微企业。虽然这将是一个很漫长的过程，但利率市场化确实在朝这个方向推进。

《债券》：利率市场化会不会造成利率越来越高？

姚炜：我认为并不一定。利率包括融资利率和投资回报，即存款利率。对于中国家庭来说，金融市场化最好的消息，就是令家庭金融资产的回报逐步上升，例如市场上的理财产品利率较存款利率要高。

但对于企业来说，利率不一定都会上升。如果是运营良好的企业，由于融资渠道较多，不一定必须通过银行借贷，可以在由投资者评估风险后,通过债券市场直接融资,因此利率可能下降。而如果是低效率的企业,利率就可能上升。

如果看社会整体的平均融资成本,其实现在已经基本均衡了,一般来说,企业长期的融资成本应该和 GDP 的名义增速相当。中国现在的 GDP 增速接近 8%,企业融资成本差不多也应是这个水平。

《债券》:货币政策在未来是否会进一步宽松?

姚炜:我认为央行在解释货币政策时强调坚持审慎政策是不希望让市场产生误解,以为 2009 年、2010 年出台的刺激政策会重复。在实际操作中,货币政策仍然需要适时做出一些周期性调整,这个调整有一个结构性目标,就是中国要去杠杆。结构性目标决定了货币政策的整体去向不可能太宽松,但在经济下滑的时期也可能出现适度放松。预计货币政策会有一定的放松,因为现在房地产的风险还没有明显化解,未来几个月可能会看到一些有针对性的支持性政策。

《债券》:刚才提到国企刚性兑付的优势可能会被打破。您认为国企改革下一步的方向是什么?如何利用资本市场的力量来推动其进行市场化改革?

姚炜:国有企业目前在人事、股权框架等方面都不是非常市场化。因此改革的方向很明确,就是国有企业也要市场化运营,以后要和民营企业一样,在同样的法理下、同样的待遇下竞争。

因为国有企业现在改革的方向是国家要成为其股东,而不再是现在的管理人身份,所以国企的股权要可以买卖,将有更多的国企上市,更多的国有资产要进入金融市场。如果金融改革做得好，股票市场能够重新赢得投资人信赖，则会有助于国有企业的改革。国有企业可以通过把股权卖给私人部门，部分缓解企业债务压力，以及政府的债务压力。

我觉得对于企业来说，要认识到资本市场最重要的是信誉，企业在这个市场中不是单边索取资金、借一次钱就完了，而是要长期在这个市场中融资。目前企业没有这样的意识是因为其长期以来主要依靠银行融资，和银行建立好关系就可以。但是进入资本市场之后，债权融资、股权融资都需要和投资人建立长期的信任，需要进行不断的沟通，比如通过信息披露来增加透明度、重视信息真实的价值等。

《债券》：您提到房地产市场存在一些风险，这种风险是否可控？长期来看房地产市场的调整对宏观经济会造成哪些影响？

姚炜：虽然最近宏观经济数据开始出现反弹，但是房地产的数据还处在下行通道中，无论是销售、建设还是投资，增速都在下滑。不但今年下半年，在未来几年，房地产的调整都可能会给经济带来比较大的下行压力。

我们通过比较2008年之前和之后城市人口的变化趋势，发现在2008年之后，三四线城市的人口增速明显下降，但是大量的房地产建设在2008年之后都集中在三四线城市，其总量占到中国房地产建设量的70%。基于这样的供需背景，房地产市场如果没有持续的高速信贷增速支撑，那肯定要进入下行通道。

我觉得未来几年可能出现区域性泡沫破裂，温州就是最好的例子。温州的房地产价值在2010年达到高位后开始下跌，至今都没有出现任何反弹迹象。所以在整体信贷并不宽松的环境下,部分城市涨价过头或供给过度,会导致房地产出现价格调整,但全局系统性的风险应该是可以避免的。

房地产进入下行通道对于中国经济长远发展来说其实是有利的。中国的城镇化现在最大的瓶颈,是大量农民工进城却买不起房子,没有办法真正落户。所以如果房地产价格回归到一个比较合理的水平,可以促进城镇化。而农民一旦落户成为城市人,消费习惯就会改变,消费就会增加。另外,房地产作为金融资产对家庭的影响也很大,高房价会挤压家庭消费,挤压经济体的信贷、投资等。所以房地产价格合理的调整对于经济发展是有利的。

《债券》:您对中国下一阶段的经济指标作何预测?

姚炜:总体来看,今年下半年的经济增速反弹未必会很强劲,但下行空间也比较有限,所以我认为今年中国经济的增速应该在7%~7.5%。

另外,中国经济现在确实有风险,房地产是主要风险之一,与此相关的还有债务风险。虽然在未来几年这些风险可能让人比较担心,经济还会经历较为困难的阶段,但随着改革的推进,中国经济增长的质量已经开始提高,从长期来看,中国经济的前景会越来越好。

(本文原载于《债券》2014年7月刊)

利率市场化与货币政策新挑战

程漫江　叶丙南

近年来我国利率市场化不断推进，货币市场、债券市场、本外币贷款及人民币协议存款利率已完全放开，企业债券、理财产品、影子银行快速膨胀，推动利率市场化程度实质性提升，也逐渐改变着我国的金融结构。利率市场化因短期内可能加剧银行竞争和融资成本居高压力而引发争议，但其长期内优化资源配置、促进经济转型的重要作用不容否认。

日益活跃的金融创新和利率市场化进程的推进，也给我国的货币政策带来新挑战，货币政策传导机制、汇率体制、外汇干预制度和政策基准利率，都在新形势下面临着转型和重构。对此，政策当局需做好预判及调整措施，建立市场化利率调控体系，以降低短期内的相关风险，充分发挥利率市场化的积极效应。

货币政策传导机制面临转型

货币政策传导机制大致分为信贷等数量型工具传导渠道和利率、汇

本文作者程漫江时任中银国际首席经济学家；叶丙南，中银国际研究部。

率等价格型工具传导渠道。在间接融资占主导地位时期,信贷渠道成为我国货币政策传导的主要渠道;在使用政策基准利率工具时,央行更多依赖于调整存贷款基准利率,相当于省略了货币市场短期利率与实体经济融资成本之间的传导过程,对与实体经济联系最紧密的终端利率水平进行直接调控。利率市场化进程将推动传统货币传导机制向间接价格型调控进行转型。

(一)传统的数量型工具传导渠道

信贷传导是金融市场不发达条件下的重要传导渠道,其具体机制是:货币政策通过作用于商业银行流动性(主要是超额准备金)来影响商业银行信用扩张,进而对实体经济活动产生作用。央行可以通过公开市场操作、调整存款准备金率、直接信贷额度和信贷窗口指导等工具,对超额准备金供应量、货币派生乘数等影响银行信用创造行为的变量产生影响,作用于商业银行对企业和家庭的贷款供应,从而影响企业投资和居民消费。

从现实来看,我国虽然在1998年取消了贷款规模计划,名义上采取广义货币供应量作为货币政策中介目标,但此后信贷调控依然是实现货币供应量增长目标的最重要影响渠道,央行每年均设定年度新增贷款预期目标。近年来,随着规避信贷管控的金融创新层出不穷,央行进一步强化了信贷调控措施,按月或按季度控制每家银行贷款额度。

(二)利率市场化带来的挑战

1. 统计数据的准确性出现下降

虽然央行实施了较为严厉的信贷额度控制,但近年来贷款实际规模超过预期目标水平成为常态。伴随着利率市场化、融资结构变化和影子银行体系膨胀,商业银行信贷的可测性和可控性明显下降;同时,非贷款类融资快速增长使得信贷与经济增长之间的稳定关系也明显下降，合宜贷款水平测算和实际调控对于央行而言成为极具不确定性也极富挑战性的工作。

2. 央行需更加关注通胀目标并增加公信力

利率市场化后，市场利率和实体融资成本对通胀预期的反应将更加灵敏，央行控制通胀预期对于稳定货币环境和促进经济增长的作用日益重要。因而，央行需要更加关注通胀目标，需要更加倚重公信力。

对此，美国 20 世纪 70 年代后期至 80 年代治理滞涨的经历值得关注。70 年代末，美国通胀率达到 10%以上的惊人水平，其重要原因在于社会公众对货币政策丧失了信心。以沃克尔为首的美联储为挽回货币政策公信力，主动采纳了僵化的控制货币供应量增长的单一货币政策规则，易于观察且易于问责的规则为美联储逐渐赢得了言必行、行必果的信誉，但也在短期内付出了牺牲经济增长和就业的痛苦代价。

（三）建立价格型工具传导渠道所需的条件

随着利率市场化推进和金融创新日益活跃，货币供应量的稳定性和统计准确性可能明显下降，这将迫使货币当局更加倚重利率价格型调控工具。利率传导机制通常是央行调整政策基准利率以影响货币市场利率，进而对金融机构存贷款利率和资本市场价格产生作用，最终影响企业和家庭的投资消费行为。

要保证利率价格型间接调控体系的有效传导，需要满足以下条件：一是经济主体包括金融机构、企业和住户，对利率价格和货币政策变动能够灵敏反应，财务预算自我硬约束，追求利润或效用最大化；二是金融市场发达，交易主体拥有自由定价权，利率、汇率市场化程度较高；三是央行建立具有可测性、可控性和相关性较强的政策基准利率体系,政策基准利率变动对金融市场利率和资产价格影响显著。

可以看出,为建立真正有效的利率传导机制,我国依然还有不少路程要走。一方面,要加快国有企业经营机制改革,建立现代公共财政体系,实现国有企业和地方政府预算硬约束,推动要素资源配置市场化;另一方面,要进一步深化银行等金融机构改革,加快金融体系市场化和对外开放进程,实现利率、汇率完全市场化,建立高度发达的货币市场、债券市场和股票市场。

外汇干预制度遭遇挑战

利率市场化要求人民币汇率形成机制更富弹性,利率、汇率平价关系的理顺有助于经济和金融体系的稳定。从操作层面来看,利率市场化使得外汇干预的有效性下降,约束作用增强。

(一)传统的外汇干预制度

长期以来,我国外汇干预对汇率产生影响的前提是金融体系相对封闭、严格管制。在这样的金融体系中,政策当局对银行体系的行政控制相对较多,可以借助多种非市场化手段来弥补外汇干预和冲销操作工具的不足。

随着我国经济的不断开放,外汇不断流入,货币当局依靠发行央行票据来对冲由此产生的流动性。但自2003年开始,外汇持续大规模增长,央行票据已难以对冲,央行也很难真正实现外汇干预的效果。一方面美中利差持续为负增加了冲销干预成本,带来了潜在财政风险;另一方面大规模央票发行对国内利率推升明显,可能进一步增加资本流入压力和冲销成本损失。

为了继续保持大规模外汇干预同时降低冲销成本，央行不得不频繁上调法定存款准备金率，并利用指导央票发行利率和发行定向央票来解决冲销成本上升、银行购买央票意愿下降等问题。由于央行为法定存款准备金支付的利率远远低于商业银行贷款、债券投资等资产收益率，存款准备金率大幅上调意味着商业银行承担了巨大的冲销成本。而由于我国存在严格的利率管制，企业部门作为贷款人主体享受到贷款利率管制的好处，商业银行享有较为充足的存贷款息差收入，事实上大部分外汇干预和冲销成本由资金净提供者即储蓄存款人最终承担。

假设 2003 年上半年 6%的存款准备金率为不存在大规模外汇干预操作时的合意准备金率，6%准备金率以上的准备金为冲销用途准备金，商业银行资产结构为 90%的贷款和 10%的债券，以贷款、国债加权平均收益率与法定存款准备金利率之差作为冲销用途准备金的机会成本，以此可以计算商业银行因上调存款准备金率而承担的冲销成本；同理，按照央票利率与市场同类产品收益率（同期限国债、质押回购利率）之差可以计算出商业银行因购买央票（非市场化发行）而承担的冲销成本。按照上述方法粗略计算，商业银行 2004—2013 年累计承担冲销成本近 2.6 万亿元，年均 2580 亿元，占银行股东权益比重年均达到 4%，占储蓄存款的年均比例 0.8%；年均来看，转嫁成本相当于降低银行业净资产收益率（ROE）约 4 个百分点或者压低储蓄存款利率约 0.8 个百分点。目前我国银行法定存款准备金率高达近 20%，无论纵向比较还是横向对比都是非常高的水平，一定程度上是对金融体系干预成本和效率损失的反映。

（二）利率市场化带来的挑战

上述情形出现在资本管制和利率限制背景下。随着资本项目开放和利率市场化进程的推进，我国相对封闭的金融体系将被打破，国内外市场一体化将使得原有利率管制、金融抑制政策难以持续；国际竞争迫使银行提高自身市场化效率；而国内投资者可以在全球范围内进行投资选择，原有高储蓄且低利率的状况将根本改变。因此，未来冲销工具的使用空间将严格受限；大规模冲销操作对国内利率水平的推升作用也将更加显著；利率提升将进一步刺激资本流入，冲销成本将大幅上升，既带来潜在的财政风险，也可能影响货币当局的公信力。由于国际资本流动对经济基本面和市场因素变化反应灵敏，当人民币汇率变动和升贬值压力来自国内外经济基本面变化时，外汇干预难以改变基本面因素，所以很难扭转资本流动方向，大规模资本持续流入将使外汇干预和冲销操作的实际效果大幅下降。因而，利率市场化和资本项目开放将深刻影响我国货币当局的冲销干预能力，进而对我国汇率体制和外汇干预制度框架产生深远影响。

政策基准利率体系需要重构

在利率市场化过程中，如何逐渐确立新政策基准利率来代替原有官定存贷款基准利率作为“利率锚”，是我国政策当局需要解决的重要问题。

（一）传统的政策基准利率

尽管过去五年间，金融市场尤其是货币市场和债券市场经历了快速发展，但不得不承认央行所确定的金融机构人民币存贷款基准利率依然是金融体系主要产品定价的基准，也是决定实体融资成本的最重要利率。这相当于央行跳过各类利率的具体传导过程而直接参与终端利率定价，从而更加迅速直接地影响到实体的融资成本。伴随着利率市场化的不断推进，货币当局需要考虑的一个重要问题是重构政策基准利率体系并建立相对有效的市场化利率调控体系。

(二)寻找新政策基准利率所面临的挑战

1. 短期利率产品存在的不足

如果利率完全实现市场化,最基础的政策基准利率(即锚定利率)往往是货币市场超短期利率,如隔夜 SHIBOR 或质押回购利率。但在目前条件下,我国能够发挥主导和引领作用的基准利率仍在培育过程中。7 天质押回购利率很大程度上被市场投资者视为短期利率参照,但其波动相对剧烈,对中长期利率尤其是实体融资成本的引导作用相对较弱。而货币当局希望培育的 Shibor 也存在类似问题。

货币市场短期利率体系存在的另一个重大问题是国债短期品种缺失,我国发行的国债绝大部分在 5 年期以上,短期品种滚动发行机制没有建立,无法形成完整的国债收益率曲线。

从国际经验来看,为有效引导货币市场短期利率,一方面可以通过大规模公开市场操作来进行,另一方面也可以借助存贷款便利机制所建立的利率走廊。我国存在一个相对模糊的利率走廊,理论上超额准备金利率是货币市场短期利率下限,而为满足金融机构流动性需求的短期再贷款的利率可以视为短期利率上限,但是目前这种模糊的利率走廊与欧洲央行实施的存贷款便利机制存在本质差别,而且走廊上下限之间宽度很大,难以发挥稳定货币市场短期利率的作用。

2. 中长期利率产品存在的不足

中长期利率理论上可以参照国债收益率,但我国国债大部分发行期限太长,同时银行是投资者主体,持有记账式国债存量的 70%以上,中长期国债流动性相对较差,定价市场化程度仍有待提高,我国尚缺乏一个完整而足够市场化的国债收益率曲线。同时,国内债券市场目前依然存在分割,一般企业和个人投资者无法进入银行间债券市场,而银行不能全面进入交易所市场交易,两个市场的债券定价过程存在较大差别,利率体系内部传导有效性也存在较大问题。

(三)对未来政策基准利率的预测

由于在存贷款基准利率之外缺乏有效的锚定利率,货币市场上央行的操作目标利率依然处在培育过程中,而由货币市场利率向金融机构定价和实体融资成本的传导机制尚未完全理顺,央行在不调整存贷款基准利率情况下,通过常规性公开市场操作尽管可以影响货币市场短期利率,但可能难以向市场有效传达货币政策意图,也很难有效影响中长期市场利率和实体融资成本。如今年春节以后,银行间市场短期利率大幅下降而中长期利率降幅相对有限,出现这种情况与货币市场缺乏锚定利率及利率传导机制存在问题有一定关系——或者是公开市场操作所决定的货币市场短期利率下行并不能清晰表达央行的政策意图,或者是央行所调节的短期利率变化难以有效传导至中长期利率。

随着利率市场化和政策基准利率构建基本到位,货币当局需要及时向市场明确其操作目标利率,为市场提供利率的政策基准。不过从目前现实情况来看,在未来相当一段时期内,即使存贷款利率上下限完全放开,人民币存贷款基准利率可能仍需要发挥一定的锚定利率作用,直至新的政策基准利率建立并有效运行。

(本文原载于《债券》2014年9月刊)

降息刺激经济有限　货币迎来全面宽松

管清友　张媛　朱振鑫　牟云磊　李奇霖

2014 年 11 月 21 日，人民银行宣布自次日起下调金融机构 1 年期贷款基准利率 0.4 个百分点至 5.6%，下调 1 年期存款基准利率 0.25 个百分点至 2.75%，并结合推进利率市场化改革，将金融机构存款利率浮动区间的上限由存款基准利率的 1.1 倍调整为 1.2 倍。

为什么降息？剑指顽固的实体融资成本问题

这是自 2012 年 7 月起，我国货币政策经历 28 个月的“空窗期”后首次降息。从市场各方的反应来看，此次降息出乎大部分人的预期。首先，人民银行在《2014 年第三季度货币政策执行报告》中并没有释放任何降息的信号，相反大篇幅强调了过度“放水”对结构扭曲的危害，并通过物价绝对水平不低和供给面变化驳斥了低通胀将触发全面宽松的观点。其次，2014 年 11 月 19 日国务院常务会议提出十项举措（简称“新融十条”）降低社会融资成本，其中包括将对存贷比规则进行修正，未来同业存款或

本文作者系民生证券宏观研究团队，管清友时任民生证券研究院执行院长。

将纳入一般性存款,缴准规模的被动上升也意味着下调准备金率应该是更合意的政策选择。

那为何人民银行选择降息?核心触发因素依然是顽固的融资成本问题。此前人民银行连续下调了正回购利率和注入基础货币,以期降低高企的实体融资成本。虽然2014年9月贷款利率较8月有所下降,但仍高于二季度水平,且上浮比率升至历史高位,显示银行风险偏好低迷的情况下,货币政策传导机制受阻,降融资成本的效果仍不够理想。考虑到2015年中期美联储可能启动加息,届时货币宽松将受到掣肘,在此背景下,此时是人民银行降息最合意的时间点。

降息对银行的影响:短期利空,中长期利好

(一)短期来看银行综合负债成本可能会不降反升

一方面,人民银行在降息的同时也扩大了存款利率上限,随着储蓄率的下降,存款对于各家银行来说已成稀缺资源,多数银行为争夺存款可能会选择将利率按基准上浮到顶。另一方面,人民银行降息可能会引致一般性存款以更快速度分流至收益率更高的理财产品和货币基金,银行综合负债成本可能会不降反升。

综合来看,短期内存贷差收窄让利实体,但得到这种让利补贴的主要为大型国有企业等预算软约束部门。2014年信贷结构以中长期贷款和票据为主,反映出银行对政府信用背书部门的偏爱,以及对私营企业和房地产开发商的风险规避。预算软约束部门的负债来源多元化及政治上的强势地位,使其在基准贷款利率下调的过程中获益,而银行通过增加贷款利率上浮比例和风险定价,使得中小企业贷款利率降幅有限。

（二）中长期来看银行能从降息周期中获利

降息的最终目的是为了提振疲弱不堪的经济，长期来看银行能从社会财富蛋糕的扩大中获利。降息也降低了实体经济信用风险，银行资产质量未来或有改善。事实上，2012年6月接连降息，现在来看银行的利润也并未减少，银行通过社会财富扩大、监管套利和提升风险偏好最终保持了利润继续高速增长。

降息对微观经济的影响：利率敏感性企业受益

在微观层面上，降息将有助于减轻存量债务负担。截至2014年9月，银行对实体各部门（居民、非金融企业和政府）表内信贷余额约为120万亿元，按最理想的情景估算，不考虑贷款利率上浮的影响，本次降息缓解存量债务负担约4800亿元，占工业企业利润比重近11%。分部门看，同时具有中长期负债比重较大和预算软约束双重特征的企业获益明显，而中小企业仍将受贷款利率上浮的约束。降息可降低企业的财务费用，利好资产负债率和财务费用率较高的行业，而对零售、计算机、医药等轻资产行业的影响有限。

降息通过改善对房地产市场的预期和降低购房压力，催化以80后、90后为代表的婚龄刚需的释放，房地产销售底部将更为坚实，有助于房地产销售短期企稳。此外，上市房企财务费用占主营业务收入的2.95%，资产负债率为76.32%，属于重资产行业，降息将直接改善其还本付息压力。但从长期来看，在人口老龄化、利率市场化、全球流动性紧缩、房产税及不动产登记制度等结构调整的压力之下，中国房地产业再难回其黄金时期。

因此，降息对中游周期类企业的改善主要集中于成本端，无法改变周期类企业产能过剩的事实。降息可降低企业的财务费用,从而促使其利润水平上升,建材、有色、建筑、机械、钢铁、化工等重资产和高财务费率的中游周期类行业从成本端获益。需求端降息将刺激房地产销售,但无法带动房地产开工和地方增量债务,需求端对中游过剩产能的周期类企业利润提升将十分有限,PPI 还将继续负增长。

降息对宏观经济的影响:作用有限

在宏观层面上,降息的刺激作用有限。在上一轮连续降息的周期中,基建投资持续加快,因限购被压抑住的房地产销售见底,房地产投资随即反弹,经济开始复苏。但这一次降息作用有限,因为降息刺激经济的两条最重要的传导机制正在失效。

1. 降息—房地产销售—房地产投资—宏观增长(上下游产业链+财政收入)的传导机制正在失效

房地产中长期预期悄然生变,同时目前库存高企,即使销售回暖,房地产商也没有动力掀起新一轮投资热潮。2014 年 10 月商品房待售面积 5.8 亿平方米,在建房屋施工面积 53.7 亿平方米,按 2013 年 11 月至 2014 年 10 月房地产月均销售 1.03 亿平方米计算,消化总量库存需 58 个月。上一轮房价拐点在 2012 年 7 月,该月总待售面积 37.2 亿平方米,库存去化周期为 42 个月。要使本轮去化周期缩短至该水平,月均销售面积需增长 38%,但一次降息很难使房地产销售保持过去一样的高增长。首先,1985 年至 1990 年为人口出生高峰,出生率为 2.1%~2.3%,但 1991 年起开始降至 1.9%以下,适婚年龄人口即将见顶。其次,中国目前的户均住宅套数已达到 1.03 套,人均住宅面积与其他国家相比已不低,改善型住房需求难以和过去一样迫切。最后,随着利率市场化及银行理财产品、信托产品的发展,投资渠道多样化将减少投资性住房需求。

2. 降息—预算软约束部门融资扩张—公共投资(基建)—宏观增长的传导链条也在失效

降息之后,具有中长期负债比重较大和预算软约束双重特征的城投和地方国企获益明显,降息有助于缓释存量债务风险。但降息是否会激活增量债务,从而扩张基建投资,还有待观察。一方面,反腐运动不会停止,地方主导的无效投资收缩,地方政府债务增速已大幅放缓。2014 年 6 月审计署公布了《国务院关于 2013 年度中央预算执行和其他财政收支的审计工作报告》,2013 年 6 月至 2014 年 3 月地方债务余额的年化增速仅为 5.05%,显著低于之前的 27%。另一方面,《国务院关于加强地方政府性债务管理的意见》(43 号文)强化了地方政府举债的机制约束,未来政府债务要纳入全口径预算管理,建立对违规使用政府性债务资金的惩罚机制,明确地方政府对其举借的债务负有偿还责任,中央政府实行不救助原则,硬化预算约束,因此地方政府债务难以再盲目扩张。

降息对债券市场的影响:收益率还有下降空间

降息后,市场对于股市一致性看多,但对于债市的后续走势分歧较大。一种说法认为降息会促使经济复苏,进而债市的机会仅仅是交易性机会;另一种说法是降息只是宽松周期的开启,债市收益率还有下降空间。笔者的观点倾向于后者,即降息只是全面宽松周期的开启,在没有看到社融余额增速出现一个季度以上的趋势性回升之前,债券市场的机会仍然大于风险,债券收益率还有下降空间。

从期限结构看,降息会促使投资者改善对未来经济的预期,导致收益率曲线陡峭化,预计短端国债收益率下降的幅度会大于长端国债收益率,但本次降息不会立即改善疲弱的经济,收益率曲线在短期陡峭化后,还会回归平坦。

从信用利差看,降息有助于降低信用利差。在2011年的加息周期中,由于担心加息的紧缩效应冲击实体经济,投资者对风险资产要求更高的风险溢价,信用利差持续上升,而降息降低了投资者对信用风险的担忧,表现为风险溢价和信用利差的下降,因而高收益债更具投资价值。

下一步政策走向:降准、降息、PSL、MLF或将轮番上阵

此次降息是新一轮货币全面宽松的起点,预计未来降准、降息、PSL(抵押补充贷款工具)、MLF(中期借贷便利)等货币政策工具或将轮番上阵,一直会持续到信用增速扭头向上、经济内生动力增强为止。

房地产市场前景悲观,尽管近期销售转暖,但开发商拿地和开工的意愿不强,这导致土地出让金收入增速趋势性下降。税收收入增速放缓,必然拖累"以收定支"的财政支出量。银行对私营部门风险偏好的收缩在短期也难有根本改变。地方政府和私人部门加杠杆投资的决心不强,只能依靠中央利用基建投资保增长。在底线思维下,依赖PSL、依托国开行作为财政二部的角色加杠杆支持实体经济的模式仍会继续。

2014年11月国务院"新融十条"出台后,存贷比口径的调整也意味着下调存款准备金率的可能性加大。若非存款类金融机构同业存款纳入一般性存款,商业银行将补缴1.76万亿元存款准备金(按9.8万亿元非存款类金融机构同业存款和18%的存款准备金率计算),即使剔除掉2.56万亿元的保险同业存款(该项一直以一般性存款计入),也需补缴1.3万亿元,至少需下调三次存款准备金率来予以对冲。此外,《存款保险条例(征求意见稿)》也已出台,境内所有存款类金融机构都被纳入投保范围,

上缴保费对存款类机构的流动性施加了硬约束,人民银行配套实施降准的概率大。

伴随美元走强,外汇占款将持续收缩,预计 2015 年将仅增长 5000 亿元左右。即使财政存款按历史最大减量 5000 亿元估计,人民银行主动释放基础货币的压力仍高于 2014 年。2015 年 M2 的增速目标按 12%计算,则 2015 年 M2 需新增 14.4 万亿元。即使按照货币乘数的峰值 4.8 计算,所需的基础货币增量也高达 3 万亿元,人民银行需主动释放的基础货币为 2 万亿元。PSL、MLF 和降准能缓解释放基础货币的压力。

结语:降息与改革并不相悖

降息不等于与改革对立,相反,为了使降息收效最大化,风险最小化,配套改革措施还会加快推进。与次贷危机时美国“大破大立”式去杠杆路径不同,中国未来去杠杆路径是“空中加油式”的渐进去杠杆。如果企业效率能够提高,合理运用杠杆转化更多的现金流和所有者权益,那么,低利率和宽松的货币环境反而有利于去杠杆。考虑到私营部门正在去杠杆,如果通过国企改革、43 号文和后续改革措施的跟进提高负债主体杠杆运用效率(或约束地方加杠杆冲动),那么通过降息降低融资成本和提振经济也是一个现实之选。

(本文原载于《债券》2014 年 12 月刊)

财税体制改革的核心与挑战

刘尚希

当前我国经济面临转型升级，经济转型离不开财政转型，也就是财税体制改革。2014 年 6 月底，中共中央政治局审议通过《深化财税体制改革总体方案》，说明财税体制改革已定位为全面深化改革的“当头炮”和排头兵。财税体制改革的进程如何，一定程度上决定经济转型转得怎么样。

为什么在改革顺序上作如此定位？这与财政在治国安邦中的基础性、制度性和保障性作用是分不开的。财税涉及中央和地方、政府和企业、国家和个人以及部门间权力和利益，牵一发动全身。财税体制改革是中国转型的一个方面，也是制度转型的核心。我们可以通过以下四个方面，来理解这新一轮财税体制改革。

一个变化

财税体制改革一个核心的重大变化，就是由过去行政力量推动变成

本文作者时任财政部财政科学研究所所长。

法治推动。时间分界点就是十八届三中全会。此前所有的财税改革,都可以说是靠行政的力量在推动。比如1994年,我国进行分税制的改革、中央与地方关系的重构,是通过行政力量在推动,采取的也是行政方式,通过国务院文件就定了新体制,这一体制一直沿用到现在,行政色彩非常浓。

十八届三中全会明确规定,要落实"税收法定"原则,税收条例要逐步改成立法。此后,《预算法》修订,强调用预算来约束政府收支行为。四中全会强调全面依法治国,实际上就是从财政法治开始的。这次财税体制改革特别强调要用法治的方式来推动。最典型的例子就是房产税,以前房产税用行政方式推动,在重庆、上海搞了试点;后来改用法治的方式推动,不再以原有方式扩大试点,而是要通过全国人大进行立法,这一点非常明确。环境税也是如此,要通过全国人大立法,先立法再改革。

当然,也不可能所有的税改项目都先立法再改革。立法需要比较长的周期,而有些改革需要抓住时间窗口,否则就不容易推进了。所以目前有一些税收改革还是通过行政方式在推动。比如成品油税额的提高,也引发了网络上很多评论。至少这反映出一种转变,这个转变不是一蹴而就的,从量变再到质变。总体而言,我国开始转向用法治的方式推动财税体制改革,这是改革方式的一个重大变化。

两个阶段

财税体制改革有两个阶段:第一个阶段,是与经济改革相匹配的财税体制改革;第二个阶段,是与国家治理改革相匹配的财税体制改革。

与经济改革相匹配的财税体制改革就是建立公共财政体系,主要是解决好政府与市场的关系,让公共财政体系为市场发挥作用创造条件。比如1994年的工商税制改革、分税制改革,都是为市场在资源配置中发挥更大的作用创造条件。税制更加公平,有利于促进市场竞争;地方保护主义大大减少,促进全国统一市场的形成,便利于生产要素在全国的流动和配置。

十八届三中全会之后,我国改革从经济改革转向全面深化改革,实际上就是国家治理的改革。三中全会指出,“财政是国家治理的基础和重要支柱”。很显然,国家治理要现代化,必须改革,其基础也要改革,要与国家治理相匹配。这跟过去是不一样的,目标不是停留在公共财政体系的建立上,而是要建立现代财政制度。现代财政制度的基本特征是什么?那就是法治、透明、高效,最后落到民生的保障与改善上来,改革的最终目的是通过经济发展来改善民生,让所有人的物质文化生活水平不断提高。构建现代财政制度的重点有三个方面:一是预算制度,使预算代表人民的意志,成为约束政府的一个工具,实现预算法定;二是公共收入制度,包括税收、收费和公共产权收益,实现政府收入法定;三是中央与地方财政关系的规范化和法治化。

三个维度

当前财税体制改革有三个维度:一是政府与市场,二是政府与社会,三是中央与地方。这三个维度就可以画成一个立体坐标系,处在这个坐标系中的财税体制改革显然是立体的转型。

政府与市场的关系,其关键词是效率。从财政角度来看,比如说宏观税负多少、政府占用多少资源、中央地方事权与支出责任,这都是大家非常关注的问题,影响微观效率和宏观效率。还有国有企业的改革、产权收益制度、国有资本体制等问题怎么解决,也是财税体制改革的焦点。

政府与社会的关系,重点是怎么促进社会的公平。是从结果公平入手,还是从机会公平入手?从财政来看,更重要的是机会公平。财政与机会公平有什么关系?实际上,核心是公共服务,公共服务就是公共消费。过去我们认为消费就是消耗物质财富,好像作用是负面的。其实,消费是将物质转成另一种资本——人力资本。公共消费对促进人力资本的积累有巨大的作用,能为我们经济转型提供动力,创新驱动离不开人力资本。不仅如此,公共服务还能促进社会公平。因为社会公平取决于能力公平,就是说机会要是均等的。消费差距不断拉大,意味着社会成员之间的能力差距不断拉大。现在从公共服务的提供上来看,造成不同人群在起跑线上就是不公平的,比如农民作为庞大的群体,所享受的公共服务和城市群体是不一样的,这就决定了这两大群体进入市场的时候,在起跑线上就是不平等的。只有把社会公平的重点放到机会公平上,政府促进社会公平才会更有效。

中央与地方的关系,其中的关键词实际上就是分权。三中全会决定里也做了一个原则性的规定,对于涉及全国的跨区域性的事权,和涉及全国统一市场的事权,毫无疑问要上收。这里说的上收,更多是指事权的履行、支出责任的上收。比如跨界的河流治理,又如有些地方把教育事权从县里上移到市里或者省里。整体来说,适合于哪一级管的事权就应归那一级,应从成本效率、风险防控来考虑。但是,中央与地方的关系就是集权和分权的关系,哪些权应该集中,哪些权应该分散,这个问题到现在还没有完全讨论清楚,这就是中央与地方关系没有得到很好处理的重要原因。

四大挑战

第一个挑战,政府的有形之手和市场的无形之手能不能有效融合。从现代经济理论来看,政府之手和市场之手似乎是天生就对立、水火不相容。是否真的如此?我认为,现代经济都是混合经济,需要两只手协同发挥作用。要让政府与市场那只"看不见的手"一样,在经济增长的过程中发挥积极的作用,而不是成为某些批评中所说"闲不住的手"和越界的手,这就必须从制度层面上对政府行为加以规范。但二者具体怎么融合,这个问题从理论到实践,面临着一系列不确定性,需要去化解。

第二个挑战,效率与公平怎样协同。流行的看法认为,效率与公平是冲突的,强调效率就会损害公平,强调公平就会损害效率。这种说法对不对?其实,我认为这两者是可以融合的。理论上可以,但在实际操作中怎么做到,这也是一大挑战。从实践来看,我国30年的快速发展导致了当前面临一个巨大问题,就是分配差距越来越大;同时我们的效率也在不断下滑。两个问题同时出现。财政在这里面怎么发挥作用,是一个关键的问题。公平、效率两者要真正有机融合,唯一能依靠的机制就是财政。

第三个挑战,发展的路径依赖怎样摆脱。路径依赖是普遍存在的。改革是摆脱路径依赖的根本途径,也是推动经济发展方式转换的根本动力。而当下的改革不再可以"重复昨天的故事",改革本身也面临着改革。财税改革如何撬动全面改革,通过全面改革来摆脱发展的路径依赖,这也不是必然的逻辑,面临严峻挑战。

第四个挑战,社会资本和经济资本怎样有机融合。文化、诚信、和睦等可以积累社会资本,而社会资本又可以激活经济资本,提高效率。社会资本、经济资本都与财政有关。但是把社会资本和经济资本有效地融合在一起,我认为也面临实践和理论都没有解决的问题。知识都是分科分领域的,大家各研究各的专业,经济与社会如何打通,现在面临新挑战。

四大挑战关系财税体制改革,也关系经济转型能不能顺畅成功。

(本文原载于《债券》2015 年 1 月刊)

地方政府性债务风险总体可控　局部问题需要关注

连　平

一段时期以来,中国地方政府的债务问题始终是笼罩在人们心头的一片阴霾,也是中外各界高度关注的话题。国家审计署在去年年底公布了中国的政府性债务情况,包括中央政府和地方政府的债务情况统计。之后,中国绝大部分省级政府公布了按照国家审计署标准统计的本地政府债务。目前,应该说中国地方政府性债务情况的透明度比公布之前有了很大的提高,不仅有了债务总量的数据,还有债务结构的相关统计;不仅有地方政府负有偿还责任的债务数据,还有具有担保责任的债务和具有救助责任的债务等或有债务的统计。

对地方政府性债务的总体风险判断

从公布的整体情况来看,我认为,在当前和今后一段时期,中国地方政府性债务的系统性风险依然可控。理由来自以下几方面。第一,无论

本文根据作者在交通银行与国际金融协会联合主办的“2014 年中国经济论坛”上的发言整理而成。作者时任交通银行首席经济学家。

从哪方面的指标来看,包括负债率、偿债率以及其他角度观察的衡量指标,或者从三大类,即负有偿还责任、担保责任和救助责任的债务指标看,按照国际常用的标准参考值,中国地方政府性债务都没有突破红线,处在相对安全的范围之内。

第二,在债务区域分布上,呈现出省政府收入高债务多的特征。数据表明,借债比较多的往往是政府收入比较多的省市,地方政府性债务与地方政府收入相对比较匹配。比如东部沿海的江苏、上海和南部沿海的广东,这些省市负债额较大,但收入总量也大、增长较快,债务偿付能力也就比较强。

第三,在融资方式上,以前主要是以银行信贷为主,2010 年以来有了明显变化,融资途径已经多元化。在 2010 年,银行信贷在整个地方政府性债务中占比高达 80%,而在 2013 年 6 月末,这一比重大幅下降到 57%。债券、信托、BT 等新的融资方式迅速崛起达 26.3%。融资途径呈现多元化发展,不再集中在银行业,因为债务风险相对分散,有助于降低系统性风险。

第四,从举债投向上看,截至 2013 年 6 月末,地方政府负有偿还责任的政府性债务当中的资金投向主要是四大块,交通基础设施、市政建设、土地批租和保障性住房,这四者加在一起占到上述投放总量的 77%。这四方面的投放属于资本性支出,其建设项目或者有现金流,或者会形成资产。这四大投向表明,政府支出项目本身就具有一定的偿还能力,这与发达国家和很多发展中国家政府支出中 80%左右用于支持消费,没有现金回流和形成资产有很大的不同。目前中国正在推进混合所有制改革,未来有一些政府资产还可以转让给社会资本和民营资本。

因此,从信用、资产和规模三个角度看地方政府性债务问题,一方面地方政府性债务有自己的特殊性,不同于企业的信用,另一方面地方性政府拥有持续稳定增长的可观收入以及相当一部分资产可以进行转让,再加上总体债务规模还没有超过国际公认的参考标准,所以有理由认为目前总体上债务风险可控。

银行业相关资产质量的变化是地方政府性债务风险状况的一面镜子。从银行业不良资产来看,目前地方政府债务风险总体上较为平稳。上市银行报表都谈到了对地方融资平台的贷款。数据表明,这个领域的不良率非常低。目前整个银行业的不良率为1%多一点,但商业银行地方政府融资平台的不良率普遍只有0.1%~0.2%,交通银行的这一数据只有0.05%。政府融资平台不良状况在最近经济增速回落的过程中比较平稳,不仅没有出现反弹,在有些方面还有所改善。这从一个重要的侧面可以看出,地方政府性债务风险状况总体上较为平稳。

地方政府债务风险的不确定性因素

当然,地方政府债务风险基本可控的判断还只是基于当前和未来不太长的时期而言。动态地来看,未来资产方价值的变化可能存在较大的不确定性。首先,如果未来经济增长速度不是现在的7%~8%,而是掉到6%以下,则地方政府的财政收入会受到很大影响,增速可能会明显地回落,甚至也不排除出现负增长。在这样的情况下,地方政府的偿债能力就要受到很大的削弱。其次,房地产在未来会不会出现比较大的回落,这也是影响地方政府偿债能力十分重要的因素。如果出现较大幅度回落,必将会影响到地方政府的偿债能力,尤其是那些土地批租收入占比较高的地方政府。第三,地方政府可以直接和间接掌控的资产很多,包括企业股票和商业银行的股票，这些股权资产是地方政府偿债能力的重要和潜在组成部分。但在市场不好的情况下，这些股票的价值也会缩水，甚至明显减值。如果说上述三方面都出现明显的收缩，地方政府的偿债能力就会受到严重削弱，债务风险可能就相对不可控。未来，如果经济平稳运行，地方政府债务风险也将平稳或者可能得到一定程度的改善；但如果经济下滑严重，房地产价格大幅回落，必将导致地方政府债务风险恶化甚至难以控制。

尽管从整体上而言，当前地方政府性债务风险可控，并在某些方面有所改善，但一些局部问题仍需要引起关注，甚至需要高度警惕。一是地方政府性债务整体增速偏快。众所周知，2009年地方政府债务增长惊人，融资平均规模一年内几乎翻了一倍，2010年后得到了一定控制；但2010—2013年地方政府性债务的增长速度仍然不低，省市县三级政府的三类债务（即负有偿还责任的债务、负有担保责任的债务以及可能承担一定救助责任的债务）2013年6月末比2010年末增长了63.5%，年均债务增速超过21%，明显高于信贷和社会融资规模总量的增长速度，债务总量仍在膨胀，风险敞口进一步增大。尤其值得关注的是，有些层级较低偿债能力相对较弱的地方政府负有偿还责任的债务增长相对较快。2013年6月末省级、市级、县级的这类债务年均分别增长14.41%、17.36%和26.59%。

二是部分地方政府性债务负担较重。截至2012年底，有3个省级、99个市级、195个县级、3465个乡镇政府负有偿还责任债务的债务率高于100%；其中，有2个省级、31个市级、29个县级、148个乡镇的借新还旧率（举借新债偿还债务的本金占偿还债务本金总额的比重）超过20%。不排除存在个别地方债务偿还压力比预想的更为严重的可能性。

三是地方政府性债务的偿还能力对土地批租收入的依赖在上升。2010年以前,土地批租收入占地方政府收入比重不到20%,但到2013年6月末,这个比例达到了35%,有的省市甚至超过了50%,这意味着地方政府偿债能力在越来越大的程度上依赖土地批租收入。如果房地产发生明显变化,对依赖性强的地方政府来说,压力就会非常大。

四是整体融资利率水平在2013年明显上升。2013年下半年以来,银行信贷利率水平明显走高,贷款加权平均利率上浮增加、下浮减少。在地方政府性债务中,除了银行信贷之外的融资增速非常快,大概已占新增融资的40%;而非银行信贷的融资成本非常高,导致融资成本整体上升约30%,意味着未来还本付息压力很大。

五是或有债务占比迅速上升。2010年末至2013年6月末,表内贷款中负有救助责任的或有债务占比由18%迅速升至27%;有9个省负有担保责任和救助责任的债务占比超过40%。或有债务比例迅速攀登导致地方政府性债务的实际负担存在较大的不确定性,这也可能是未来市场出现波动的不可忽视的隐患。

六是财政收入增长明显慢于到期债务的增长,偿债能力持续受到削弱。2013年到期的债务增长达60%,而同期财政收入增长仅为15%。未来受经济增速放缓和房地产市场调整影响,政府财政收入增速还将进一步放缓,而近两年部分项目到期后债务偿还展期,未来几年债务集中到期的规模难以明显缩小,从而考验地方政府偿债能力。

未来需要推进的几大举措

未来有几个方面的举措需要加以持续推进。一是地方政府性债务透明度需要进一步增强。提高透明度是制约地方政府债务增长的有效手段。负债过度不仅会受到社会舆论的压力,而且还会影响其举债能力,对此不得不引起重视,并认真地加以管理。未来地方政府性债务的分布应进一步细化,如地区、行业和种类,同时还应公布平均利率水平。二是控制总量增长,同时要改善结构。从动态角度管理风险,既然未来资产方价值变化具有不确定性,那么合理控制负债增长应成为控制风险不可多得的有效举措。尤其是当前和未来一个时期地方政府到期债务增速较高而同期财政收入增速相对较低。与此同时还应努力改善债务结构,信贷和非信贷规模要有适当比例。信贷占比过高风险容易集中于银行业;而非信贷占比过高则融资成本太高,会增加未来还本付息的压力。三是控制已经借债过度的省、市、县政府的举债行为,在对官员的考核中加上对政绩"含债量"的考核。四是在推进混合所有制改革过程中,逐步把地方政府所拥有的资产逐步置换出来,增强其偿债能力。

鉴于整体规模可控,资产结构多元,收入稳定增长及政府信用特点等诸多因素的存在,过度担忧中国地方政府性债务是没有必要的,也不切合实际;但由于总量增长偏快和局部风险的存在,也不可对此持高枕无忧的态度;应该持续采取针对性举措对重点问题加以治理,保障地方政府性债务状况平稳运行,尤其是在经济下行过程中控制住系统性风险。

(本文原载于《债券》2014年6月刊)

我国经济转型期的公共风险防范

李红霞　乔迪

摘　要：目前，我国正处于经济转型期，也进入公共风险的高发期。本文分析了我国当前面临的最突出的经济风险、社会风险和环境风险，深入剖析了公共风险的成因及其影响，并提出了防范和化解公共风险的政策建议。

关键词：经济转型期　公共风险　市场失灵　财政风险

当前，我国正处于经济转型期，也开始进入公共风险的高发期。各种风险交织在一起，容易相互转化，如果不及时防范和化解，就有可能引发公共危机。如何防范和规避公共风险、维护国家经济安全及社会和谐稳定，已成为当前我国面临的重大课题。

本文作者李红霞时任首都经济贸易大学财政税务学院党委书记；乔迪，美国伊利诺伊大学芝加哥分校。

我国经济转型期面临的公共风险

（一）公共风险的界定

20世纪后半期，有关公共风险的问题逐渐被国内外学者所关注。德国社会学家马尔里希·贝克曾首次提出“风险社会”这一概念，认为人类面临着威胁其生存的由社会所制造的风险。英国著名理论家安东尼·吉登斯认为，风险是对将来可能发生危险的一种估计。他将现代社会中的风险分为外在的风险（external risk）和被制造出来的风险（manufactured risk）。外在风险来自于外部，是因传统或自然不确定性带来的风险；被制造出来的风险是人类在没有多少历史经验情况下产生的风险。德国另一位社会学家尼古拉斯·卢曼（Niklas Luhmann）将风险定义成“时间上的偶然性促生的不确定性”，阐述了现代社会无法否认所遭遇的风险乃至危机。

国内学者自20世纪80年代以来开始对公共风险问题进行研究。比如2006年，刘尚希在《以公共风险为导向完善我国社保制度》一文中指出，公共风险是能够产生群体性（或社会性）影响且无法由社会个体承担的风险。2012年，丁烈云在《中国转型期的社会风险及公共危机管理研究》一书中指出，公共风险是指在社会转型时期，会发生广泛而深刻的社会变革，涉及多重利益关系、社会关系、权力关系以及组织关系的调整，不可避免出现矛盾和冲突，而引发的风险。2005年，贾康在《关于控制公共风险与实施绩效预算的考察》一文中提出了财政政策要关注公共风险、控制公共风险应实施绩效预算管理等相关观点。

目前，公共风险问题虽然被国内外学者广泛关注，但学者们对于公共风险的界定仍然存在争议。本文以目前比较主流的观点来界定公共风险的内涵。一般来说,公共风险是指因未来结果存在不确定性,会对群体或社会产生不利影响,而又无法由社会个体承担的风险。它既可以是自然界的不确定性所带来的自然风险,也可以是社会转型导致的社会风险。公共风险具有内在关联性、不可分割性和隐蔽性等特征。

(二)中国经济发展面临的公共风险

当前中国经济运行处在合理区间,但经济下行压力很大,外部环境错综复杂,不确定性因素仍然较多。宏观经济面临的最棘手、最突出的三大风险主要是经济风险、社会风险和环境风险。

1. 经济风险

在市场经济中,经济风险是指因经济前景存在不确定性,而蒙受经济损失的可能性,它是市场经济发展过程中的必然现象。目前我国处于经济增速换挡期、结构调整阵痛期和前期刺激政策消化期的"三期叠加"时期,经济发展正面临新的风险与挑战。2015 年以来,在复杂的国际经济环境下,我国国民经济"三驾马车"表现相对疲弱,投资需求不足,消费增速短期内难以显著反弹,世界经济复苏低于预期,出口增速很难再创新高,稳增长难度加大,总体上面临的困难比去年更大。

2. 社会风险

社会风险是指可导致社会冲突,危及社会稳定和社会秩序的可能性。改革开放以来,我国经济总量增长迅速,取得了令世界瞩目的伟大成就。但我国也是世界上最大的发展中国家,总体生产力水平还比较低,地区间发展较不平衡,经济改革遗留下来一些利益冲突和矛盾,收入增长引起需求变化从而带来许多新的问题和挑战。随着居民收入水平的提高,人们对公共服务规模和质量也提出了更高要求。让全体国民充分分享改革胜利成果的目标还未完全实现，社会上还存在着一些较为复杂的矛盾和冲突，并对我国经济社会发展构成一定潜在风险。

3. 环境风险

环境风险是由人类活动或人类活动与自然界共同作用所引发的，对人类生存带来不利后果事件发生的可能性。改革开放以来，我国经济在快速增长的同时，也付出了高昂的成本代价，由于长期实行高投入、高消耗、偏重数量扩张的发展模式，生态脆弱、环境污染等问题突出，面临的环境风险加大。

（三）公共风险需要政府买单

现代经济社会是一个充满风险的社会，而处于经济转型时期的中国，面临的公共风险更加复杂多变。公共风险会随着社会经济矛盾的不断加深而增大，当累积到一定程度时就可能引发公共危机。单纯依靠市场机制并不能有效化解和防范公共风险，因为市场本身也存在着市场失灵问题，由此所有的公共风险可能最终都需要由政府来买单，更准确地说，就是都要由公共财政来承担。在市场机制比较完善的情况下，财政所承担的公共风险主要限于市场失灵领域。但目前我国正处于全面深化经济改革的深水区，各种矛盾一旦激化，诸多风险或多或少都可能会转换为政府风险或财政风险，因此财政所面临的将是全方位的、复杂的、不断扩大的公共风险。财政是政府干预经济运行的主要手段。化解公共风险，以公共主体的身份发挥最后“兜底”作用，承担其他经济主体所无法承担的风险，以此来实现经济社会的稳定发展，这也是财政的一项宏观调控职能。

公共风险的成因分析

公共风险的成因比较复杂,它既包含国民经济深层次的矛盾,也受到经济运行质量等因素的影响,涉及经济、社会、政治生活等多方面。归纳起来,主要有以下几点。

(一)政府与市场的关系没有理顺

在经济转型过程中,市场往往存在着失灵和失效问题,而政府纠正这些问题的能力相对较弱,因为政府本身在管理职能方面也会存在"越位"或"缺位"问题,会有政府干预失效的情况出现,进而可能变成阻碍市场正常运行的羁绊。当出现公共风险,需要政府进行宏观调控时,政府这只"有形的手"可能不仅会干预市场运行,有时甚至想要代替市场这只"无形的手"来发挥作用,由此出现"政府有权就任性"的现象。尤其是在现阶段经济不振、财政收支缺口加大的情况下,政府更容易出现"急躁"情绪,未能认清如何理顺与市场的关系,与市场进行更好的合作,而可能运用权力强行干预经济,导致政府财政支出过度扩张,进而出现政府"好心办坏事"的情况。在市场经济运行中,政府有时会存在角色迷失现象,身兼运动员、裁判员甚至教练员,导致政府职能的越位和缺位。如果政府过度介入市场经济,就会产生"挤出效应",使市场经济失去竞争活力和效率,导致市场的作用越来越弱,经济下行的风险可能会越来越大。

(二)经济转型使利益分化加剧

现阶段中国已经进入了利益博弈时代,随着市场经济的不断完善和中国社会阶层结构的变化,社会成员利益分化明显加剧。一般来说,社会公共风险的累积与社会经济转型密切相关。按照西方风险社会理论,当一个国家进入现代化的一定阶段后，必然伴随着公共风险的增长，并进入风险社会。在社会转型过程中，不同利益主体之间的多元博弈表现为政府与个人之间、个人与集体之间或个人与社会之间的利益关系发生重大变化。中国社会的利益分化已从利益的平均化转变为利益的多元化，从利益的稳定性转变为利益的多变性，原有社会利益结构的整体性和平均化格局已被打破，在一定程度上出现了社会成员之间利益差距扩大化、利益矛盾和冲突公开化等复杂态势。

自改革开放以来，中国社会经济的发展使大部分国民成为受益者。由于提倡“鼓励一部分地区一部分人先富起来”以及市场本身重视效率优先，社会成员收入分配差别迅速扩大，个人之间或社会群体之间的受益程度出现很大差别。不仅如此，对于中国社会而言，经济转型使社会风险增加，而且在经济转型的同时，我国还面临着一定的制度转轨压力。一些政府决策部门之间缺乏合理的利益分配协调机制，也增加了社会的公共风险。此外，腐败现象、诚信缺失等问题也会对经济社会的和谐稳定产生影响。

（三）公平与效率兼顾不足

按照美国经济学家奥肯在“漏桶原理”中所阐述的公平与效率之间的关系，过分强调公平，效率必然丢失，而过分注重效率，公平也会丢失，只有一定程度的公平才会提高效率。现实中效率与公平的关系其实也很“拧巴”。因为传统的理论说明，追求效率就会有损公平，而追求公平，又会有损效率，好像公平与效率是“鱼和熊掌”不可兼得。而一些贫富差距问题、区域间发展不平衡等问题，似乎也说明过多追求效率可能导致有失公平。改革开放以来，“效率优先，兼顾公平”曾极大激励和调动了社会成员的积极性和创造性,促进了全社会效率的提高和经济的发展,这是针对过去传统体制下平均主义带来效率低下弊端所采取的有效措施,而后来随着经济体制改革的不断完善,中国重新高度重视社会公平,明确了实现社会公平正义的必要性和重大意义。

公平与效率之间的关系其实并不是对立的,而应该是融合的、兼顾的。但实践中之所以出现二者不能兼顾、协调的问题,其中一个重要原因是市场的自发调节机制还存在缺陷,市场往往过于强调效率,导致资源分配不均等现象发生。但进一步分析发现,其实更重要的还是人为的原因,体现在由于某些制度性问题和政府责任缺失,导致公平与效率之间的矛盾不能及时化解。另外,某些行政权力缺乏制约也是重要的影响因素。如果政府权力不受监督和约束,必将导致权力被滥用从而造成社会不公现象,而由于社会不公,就会出现社会贫富差距扩大,引发社会矛盾和冲突,使公共风险增大。

(四)经济全球化环境下的国际利益分化压力

经济全球化在很大程度上体现为市场经济在全球的扩展。在融入经济全球化的进程中,一方面,中国从中获得了一些利益;而另一方面,各国之间的利益裂变也加剧了中国公共风险的累积。目前,全球经济进入深度结构调整期,仍呈现缓慢的弱势复苏态势,中国出口增速将很难再创新高。而且当前经济全球化由发达国家所主导,作为发展中国家,中国当前的外贸正处于比较优势"换挡"期,经济增长的传统动力减弱,在经济安全、政治安全方面都面临着更多、更大的压力。不仅如此,在经济全球化条件下,发达国家与发展中国家之间的权力、义务不对称,使发展中国家之间相互依赖的脆弱性加大,发展中国家遭受经济风险的可能性更加不确定。

公共风险的化解与防范对策

2015年，中央将“稳增长、调结构、转方式、促改革、惠民生、防风险”作为工作重点，其中，“防风险”更是经济稳定运行的重要保障。

（一）政府和市场共同配合防范公共风险

在以往的改革实践中，中国宏观调控的内容可以说包罗万象，有人曾将宏观调控形象地比喻为像个“筐”，啥都往里装。其实，宏观调控的作用主要是调节经济总量的平衡，即社会总供给与社会总需求的平衡。宏观调控也具有暂时性、应急性、周期性的特征，政府通过在短期内扩张或紧缩需求，使社会总需求达到与总供给平衡。但从现阶段来看，长期公共风险已经有所凸显，深层次风险不断积累，导致各种矛盾和冲突此起彼伏，政府仅通过传统的需求管理来调控已经力不从心，必须通过转变经济增长方式、调整经济结构来化解长期风险。

2015年的《政府工作报告》明确提出，政府宏观调控要体现“底线思维”，只要经济运行没有突破底线，就不需要宏观调控出手。在处理政府与市场的关系上，要明确市场是资源配置的主体，宏观调控是政府的一项重要职能。在市场经济条件下，由于公共风险的存在，政府宏观调控不可或缺，但一定要充分认识到，宏观调控是政府的一种责任，而不是权力。如果将宏观调控看成是政府的权力或权威，就会变成用行政命令干预市场运行，又会退化到计划经济的老路上去。在现阶段，建议政府更多地以“服务型政府”的角色辅助市场发挥作用。从长远来看，政府宏观调控的短期操作思维正在淡化，而公共风险的长期防范则变得越来越重要。因此，要更加理性、客观地看待政府与市场的关系，政府和市场这“两只手”

并不是对立的关系,而是一种分工合作关系,让政府和市场这“两只手”协调、统一起来,形成合力,才能更好地防范和规避公共风险。

(二)财政是化解公共风险的主力军

在现代社会,财政作为政府重要的宏观调控工具,其基本功能是防范和化解各类公共风险,熨平经济波动,以维护整个经济社会的稳定和可持续发展。财政与经济密切相关,经济风险通常会转化为财政风险。在经济下行的情况下,通过实行减收增支的扩张性财政政策,避免断崖式经济滑坡所引致的系统性风险,以此来稳定经济社会发展是必要的,财政政策应以防控公共风险为己任,力求将公共风险降到最小化。

但需要关注的是,在当前条件下,我国财政自身也面临着风险。受各种无法预见因素的影响,政府制定的收支预算安排可能无法完成,这样会导致财政自身风险的扩大。在财力约束越来越紧而支出呈刚性增长的情况下,收支缺口会不断增大,需要通过发行公债来弥补。我国财政赤字率已从2014年的2.1%提高到2015年的2.3%,加上盘活以前年度的财政结余资金,实际安排的赤字率达到了2.7%,已接近国际上通用的3%警戒线。由此可以看出,通过扩大财政风险来防范化解公共风险是有限度的,如果财政风险不断扩大,反而会起到负面作用,最终可能导致公共风险扩大。通过适当扩大财政风险来化解公共风险是现阶段的正确选择,但也需要遵循审慎原则,尽量控制财政赤字和债务规模,谨防债务风险引发财政风险,并防止财政风险外溢叠加到公共风险之上,力争在实现公共风险最小化的同时,又不超出财政的最大承受能力。

(三)经济转型升级防范公共风险

要化解公共风险,最根本的途径是在提高效率的基础上,促进经济保质、保量的增长。只有经济高效增长，财政收入才能丰盈充实，国家财力才有坚实的物质基础。我国是一个经济总量大国，但还不能算是经济发展的质和量相统一的经济强国，并且将长期处于社会主义初级阶段。要防范和化解复杂多样的公共风险，需要通过调结构、转方式来提高经济潜在的增速。经济转型升级并不仅是外延型的经济总量升级，而是经济增长质量和效益的整体提升，通过优化经济结构，更有效地配置资源来化解公共风险。也就是将提高经济质量和效益作为中心目标，加快实施创新驱动发展战略，通过打造“万众创新、大众创业”的新引擎，保证居民充分就业和收入持续增加，为调整结构转变经济增长方式创造有利条件。增加研发投入，提高全要素生产率，加快培育新的增长点和增长极，从而在全面深化改革的同时，实现全体国民的共同富裕，使收入分配更加公平、更有效率，使经济发展具有可持续性。

（四）建立公共风险共担机制

建议在国家层面上尽快建立常设性公共风险预警机制，对各类公共风险进行预测分析，制定短期和长期相结合的风险防范战略和应急措施，同时加强各级政府的协调与配合，将可能发生的公共风险损失降到最小。首先，强化市场机制化解风险的能力。公共风险的大小取决于制度结构的完善程度，当前关键是要进一步规范和完善市场机制，通过借助市场的力量来防范公共风险的积累，从而减轻财政压力。其次，建立公共风险信息公开和报告机制，使公众适当拥有公共风险方面相关信息的知情权和监督权。建议政府建立广泛覆盖的公共风险防范网络系统，实现各地区及各部门的联动、信息和资源的共享。再次，建立应对突发性事件的物资、设备、技术与人才资源储备制度。对于不确定的公共风险，依法建立公共风险防范基金,构建起政府、社会、家庭三位一体的动态调整和迅速反馈的公共风险补偿机制。最后,强化社会救助,构建社会弱势群体的临时保护机制。为缓解由于收入分配差距拉大所带来的社会风险,建议建立弱势群体应急基金,构建各级政府的风险管理体系。

公共风险的防范与化解绝不仅仅是政府单方面的事情,政府、社会、民众都有责任。只有社会各方共同努力,构建一个团结和有凝聚力的社会,公共风险才能有效防范和化解,社会才能更和谐,经济发展才会更加顺畅。

参考文献

1. 刘尚希.财政新常态:公共风险与财政风险的权衡,http://gmw.cn,2015-03-18.

2. 谢志平.公共政策风险及其防范[J].东北财经大学学报,2009(4).

3. 化涛.转型期我国社会稳定风险的防范与治理[J].吉首大学学报(社会科学版),2014(1).

4. 刘尚希.宏观调控与风险防范,http://www.chinareform.org.cn,2015-01-14.

5. 郭庆旺.2015积极的财政政策更加积极[N].经济日报,2015-03-13.

6. 刘尚希.防风险是最重要最根本的问题,http://www.people.com.cn,2015-01-28.

(本文原载于《债券》2015年10月刊)

下篇/金融与债券市场

JINRONG YU
ZHAIQUAN SHICHANG

在金融改革与金融合作中提升金融基础设施服务

——在 ACG 第十八届年会上的讲话

水汝庆

中国金融改革与国际金融合作为中央托管机构提供了重大战略机遇。

一是金融基础设施建设已提升到金融战略高度。随着金融市场的发展,世界各国对于中央托管机构重要性的认识逐步加深,其安全高效运行已成为判断金融市场成熟与否的重要标志之一。进入 21 世纪,尤其是本轮全球金融危机后,中央托管机构等金融基础设施越来越多地进入公共政策的视野。在此背景下,中共中央《关于全面深化改革若干重大问题的决定》、金融“十二五”规划、国务院《关于进一步促进资本市场健康发展的若干意见》等重要文件相继提出:“加强金融基础设施建设,保障金融市场安全高效运行和整体稳定”,“优化金融环境,进一步健全金融市场的登记、托管、交易、清算系统”,“加强登记、结算、托管等公共基础设施建

本文作者时任中央国债登记结算公司总经理。

设”。在国家最高决策文件中,把金融基础设施突出出来,还是第一次。在新一轮金融改革中,作为金融基础设施服务的提供者,中央托管机构将在支持市场发展和创新、监测和控制风险、保障市场运行安全和提高市场效率等方面发挥更加重要的作用。

二是健全多层次资本市场体系将促进中央托管机构发挥重要作用。本轮全球金融危机后,中国政府总结经验教训,提出了“金融支持实体经济”的基本原则。落实这一原则,就要以显著提高直接融资比重为目标,继续健全包括股票市场、债券市场在内的多层次资本市场体系。而要做好不同层次市场间的制度衔接,形成有机联系的市场体系,也离不开安全、高效、统一、规范的金融基础设施安排。

三是利率市场化改革将推动中央托管机构开拓业务新领域。伴随利率市场化,中国金融脱媒的趋势进一步深化,以银行理财产品、信托产品、券商资产管理计划、基金管理计划、保险产品等为代表的资产管理行业获得了蓬勃发展。通过中央托管机构的介入,提供全面的登记、托管、结算服务,将使资管产品的风险揭示更充分、产品透明度更高、流动性更好,监管和投资者保护更加有效,最终实现由产品向市场的升级。

四是人民币国际化将增强中央托管机构间的跨境合作。随着人民币国际化进程的推进,中国资本市场对外开放程度不断提升。未来,中国资本市场的对外开放程度有望进一步加深,中央托管机构将在跨境发行、跨境结算、跨境担保品管理等领域大有作为,机构间跨境合作将更加频繁,境内外资本市场的联通将更加顺畅。

五是国际金融合作中中央托管机构将发挥核心纽带作用。目前,金融基础设施已成为国际金融合作中的一个重要领域。从 1989 年开始,国际组织为推动证券结算系统安全、效率的改善，先后出台一系列国际结算标准。2012年又出台了《金融市场基础设施原则》。公司一直持续跟踪和研究国际金融基础设施标准，积极参与准则的讨论、实施和评估。同时，公司还持续参加亚洲债市论坛，参与论证提出相关技术和规则方案的可行性，支持区域债券市场建设和中央托管机构互联。中央托管机构的核心纽带作用将更加凸显。

中央结算公司成立18年来，坚持金融市场基础设施原则，从国债集中托管起步，逐步发展成为各类固定收益证券的中央托管机构，成为支持市场运行、宏观调控政策操作的核心金融基础设施，服务跨境结算、支持市场开放的重要渠道，参与金融市场创新的重要基地，在维护金融稳定、促进市场发展方面发挥重要的作用。这几年，公司主要做了以下几方面工作：

一是持续深化核心服务领域。实现债券发行、登记、托管、结算、兑付、估值功能一体化，有效实现了债券生命周期全过程处理，充分发挥中央托管机构的规模经济和范围经济，提高市场效率，降低交易成本。我们构建招标发行和簿记建档发行的发行综合服务平台，每年支持各类债券发行将近6万亿元；完善债券登记托管服务，目前公司托管的债券超过28万亿元，约占债券市场存量的84%；持续推进DVP结算，使用“央行货币”的实时全额DVP机制已覆盖全市场。

二是不断丰富优化增值服务。充分发挥中央托管机构中立性和数据优势，挖掘其市场增值点，推动市场透明度和稳健性提升。我们创新开展债券信息服务，提供的收益率曲线、估值、指数等系列产品被市场监管部门广泛应用，覆盖国内金融机构管理的90%的债券。越来越多基金产品将中债指数作为投资标的，其中就包括 2014 年首只 RQFII 人民币国债 ETF 基金。我们还大力拓展担保品管理服务，推出自动化的质押券管理系统，应用范围不断扩大，目前质押余额超过 2.7 万亿元。

三是大力开拓创新业务领域。 顺应盘活金融资产存量、完善金融资产登记、防范系统性金融风险的需求，借鉴国际同业拓展的做法，公司登记托管的各类金融资产超过人民币 50 万亿元，在传统的债券资产之外，理财产品、信托产品等其他金融资产超过 20 万亿元。在主管部门的推动下，公司陆续开发银行业理财信息登记系统、信托数据库和信息产品登记系统、建成全国银行业信贷资产登记流转系统，搭建信贷资产登记流转平台，有效地服务监管和市场。

四是积极推动实施国际化战略。 在中国资本市场对外开放进程中，公司积极研究和支持国际多边机构来华发行熊猫债券，支持各类境外机构参与境内债券市场，目前有 150 余家境外机构在我公司开立债券账户，持有债券约 4600 亿元。公司还尝试与境外托管机构联网，初步开辟了内地与境外债市的结算通道，为境内机构走出去提供服务。

中国新一轮全面深化改革的大幕已徐徐拉开，中国金融市场正朝着市场化、国际化的方向稳步迈进，顺应这一趋势，中央结算公司将积极实践，广泛合作，全面提供多元化、综合化、国际化的金融基础设施服务。

一是努力实现业务多元化拓展。 公司将贯彻“加强登记、托管、结算基础设施建设”的要求，积极朝着“金融资产登记托管”方向，不断拓展发行、登记、托管、结算等核心服务领域：构筑功能完善的中债发行服务体系；逐步建立统一的金融资产登记托管体系；拓展高效的 DVP 结算机制，适应于多产品、多币种、跨境的多样性环境。

二是构建统一的综合性开放式平台。推动建立跨市场、跨产品的统一托管结算后台，进一步提升市场互联互通水平。在保证系统和服务平稳运行的基础上，根据市场价值链，与其他市场机构灵活开展多层次合作，因地制宜地选择业务合作、资本合作、技术合作等合作模式。

三是深入推进国际化业务。研究落实国际金融基础设施标准，在理念、规则、服务、技术、风控、管理等方面与国际接轨。根据中国资本市场对外开放的政策进程，拓展跨境业务领域，提升跨境服务水平，争取国际化业务取得新突破：在跨境发行方面，力争为全球人民币债券提供服务；在跨境结算方面，激活现有结算通道，积极争取境外托管机构互联，为资本双向流通提供规范低成本的结算通道；在跨境担保品方面，积极支持境内外投资人使用人民币债券作为跨境担保品灵活应用；在跨境信息方面，鼓励境外人民币指数基金产品发展。

随着中国新一轮全面深化改革进程的推进，中国金融市场的包容性和开放性将全面提升，与全球金融市场的联系将更加紧密，这对基础设施的服务能力提出了新的要求，也为我们开展多元化、国际化合作提供了广阔前景和全新动力。“潮平两岸阔，风正一帆悬”。中央结算公司愿意和国内外机构一道，因时趁势，紧密协作，共同打造亚洲金融繁荣之基，打造共生互益的金融生态之圈。

（本文原载于《债券》2014 年 10 月刊）

借鉴国际经验　完善我国金融基础设施建设

吕世蕴

2008年国际金融危机爆发后，各国政府和监管部门认识到，金融市场，特别是场外衍生品市场的透明度建设对于市场的稳定和风险防范具有特殊重要的意义。在2009年9月匹兹堡峰会二十国集团领导人发表的声明中，要求所有场外衍生品交易情况必须向中央交易数据库报送，以提高市场透明度，防范市场操纵、欺诈和其他市场滥用行为，降低系统性风险。从2011年起，美国、欧盟等国家的中央托管机构相继在中央交易数据库方面投入建设。中央交易数据库已成为规范市场发展、促进行业自律、提高市场透明度的重要基础设施。本文结合国内外经验，探讨了银行业信贷资产登记流转中心在完善我国金融市场基础设施建设中的定位及应发挥的作用。

根据2012年4月国际清算银行支付结算体系委员会（CPSS）和国际证监会组织（IOSCO）联合发布的《金融市场基础设施原则》[1]，一国金融市场基础设施包括支付系统（PS）、中央证券存管系统（CSD）、证券结算系统（SSS）、中央对手方（CCP）和中央交易数据库（TR），这些设施便利了货币和其他金融交易的清算、结算和记录，能够巩固所服务的市场，对增强

本文作者时任银行业信贷资产登记流转中心董事长。

金融稳定也至关重要。其中,中央交易数据库 TR 作为一种新型的金融市场基础设施,其地位日趋重要,可以帮助监管部门有效获取市场信息,提高市场透明度,降低系统性风险。截至 2014 年底,在国际清算银行 28 个成员国中,大多数都已建立了 TR 并投入运行,且目前全球已有 22 个 TR 获得监管部门的合法授权,负责对各类金融产品的交易数据进行集中存储。

中央交易数据库的定义与作用

(一)中央交易数据库的定义

中央交易数据库(Trade Repository,TR)是指负责对金融交易数据进行集中电子化存储的机构,是一种新型的金融市场基础设施。各市场参与主体通过向 TR 报送金融市场交易数据,使得监管部门能够在第一时间掌握市场交易的相关信息,帮助市场参与者准确识别和计量市场风险,避免市场恐慌情绪和不实传言的扩散,提高市场透明度,促进金融稳定。

(二)中央交易数据库市场建设原则

TR 按照监管部门和社会大众的需求,应提供及时、准确的数据服务,并在建设过程中遵循以下原则:

1. 数据披露

TR 应根据当地法规和行业要求向监管部门和社会大众分别提供详尽的数据,以提高市场透明度,并支持其他公共政策目标。

2. 流程和程序

TR 应采用有效的流程和办法,以适当的方式及时向监管部门提供数据,使其能够履行各自的监管职责和法律责任。TR 向监管部门提供数据的行为应当获得法律、程序、运行和技术等方面的支持。

3. 信息系统

为了满足参与者、监管部门和社会公众的信息需求,TR 应该具备健全的信息系统,提供准确的当前和历史数据,并采用易于分析的格式收集、维护和发布数据。

4. 披露形式

TR 披露数据和相关信息时,应通过广泛访问的媒体发布,如互联网;除了使用 TR 所在司法管辖的本地语言外,还应使用金融市场中广泛使用的语言。数据应附有详尽的解释性文件,使用户可以准确地了解和解读这些数据。

(三)中央交易数据库的公共效应

根据《金融市场基础设施原则》,TR 作为负责保管各类交易信息的电子化中央基础设施,其持有的集中、高质量的数据,具有如下公共效应:

一是改善市场透明度。及时可靠地获取存储在 TR 的数据可以显著提高监管部门及社会公众识别和评估金融风险的能力,监管部门尤其应该能够有效获取储存在 TR 的数据,以便履行其监管职责和法律责任。

二是保证各方信息的可获得性。通过有效使用 TR 服务,实现信息共享机制,TR 可服务于各类市场主体,除监管部门和公众外,还包括交易所、确认或匹配平台,以及使用 TR 数据提供附加服务的第三方服务商。

三是促进标准化。TR 通过提供规定的数据格式和统一的技术平台,可促进行业标准化，会使交易数据更容易集中储存，这比数据分散更实用可靠。

（四）中央交易数据库对监管部门的作用

按照《2010年二十国集团多伦多峰会声明》，中央银行、市场监管者和其他管理部门有责任在获取其关注的数据方面相互支持，这是履行其管理和监督责任的一部分。随着市场基础设施的持续演变，可在特定的司法管辖内或司法管辖之间，针对多样化的产品类型建立TR。监管部门通过建立和使用TR，可以在以下几方面实现其监管目标：

一是对系统性风险和金融市场的稳定性做出评估。国际证监会组织（IOSCO）认为，市场透明度及信息披露是控制系统性风险的重要工具。特别是对于OTC衍生品交易来说，中央交易数据库的使用以及交易合约的集中清算将帮助监管部门和市场参与者对金融机构（如AIG）累积的风险进行识别，并检查对于这些风险是否存在有效的管理方案和足够的防范措施。

二是实施市场监督管理职能。监管部门实施市场管理需要完整全面的数据支持。监管部门在识别和发现异常和不合规的交易行为时，通常需要一整套带有时间戳的交易信息，包括交易价格、交易规模、对手方等信息，用以分析交易模式、异常交易价格和交易量的波动。这些异常交易行为，包括操纵市场价格、内幕交易、对敲交易、洗盘交易等，都需要有强大的数据支撑，特别是来自不同TR的交易数据，涵盖了不同类别的OTC衍生品，能够帮助监管部门追踪大宗交易头寸，以此对不同类型的交易产品、不同交易市场或者交易地点的敞口头寸和风险集中度进行监管。

三是对市场参与主体进行监管。监管部门的监管行为有利于培育健康、良好、有序的金融市场参与主体,从而进一步保证金融体系的稳定性。监管行为具有多种形式,包括检查机构是否按照谨慎性的要求设定风险限额,或者审查市场参与主体是否遵循企业行为准则,交易行为是否公允透明、是否存在关联交易等。而 TR 是唯一能够收集这些必要数据的渠道。

四是及时进行违约处置。当市场上某一交易对手方违约时,监管部门需要及时给出相应的解决方案。这些违约行为大多会给清算和结算业务带来负面影响,同时也会损害金融体系的稳定性。根据各自不同的监管目标以及法律框架,监管部门需要搜集相应数据来帮助其做出具体解决方案。TR 所提供的全面数据就满足了监管部门在处理违约事件时的要求。

国内外中央交易数据库建设实践

(一)美国

按照 2010 年 7 月颁布的《多德·弗兰克法案》,美国目前的中央交易数据库 TR 由商品期货交易委员会(CFTC)和证券交易委员会(SEC)管理,具体根据监管权利的归属决定。所有的场外衍生品交易,都必须在交易结束后第一时间向 TR 汇报,可以由单方、双方或第三方汇报。在整个合约生命期内,交易的全部细节、条款的任何变动、执行都需要汇报,TR 的数据必须保存至合约中止 5 年后方可清除。TR 须秉持"公开、公平、一致"的原则,严格履行职责,并需具备应急程序和安全防护系统,且有义务将数据提供给监管部门。

Global Trade Repository(GTR),是由 DTCC(美国证券存托与清算公司)在全球范围内运营的交易信息库,于 2006 年开发,为全球场外衍生品交易信息提供了一个向监管机构报告的平台。2006 年 11 月,DTCC 的子公司 DTCC Deriv/SERV 开始提供交易信息仓库服务（Trade Information-Warehouse，TIW），成为信用衍生品市场上第一个交易登记机构和综合交易数据库，经过市场竞争，DTCC 随后获得了行业批准，为股票、利率、商品和外汇场外市场开发了全球交易资料储存库服务，形成了跨平台、多品种、跨区域、独具特色的全球交易信息库服务（GTR）。如今 GTR 为大约 650 万亿美元的衍生品市场提供了高效的透明度服务，是管理系统风险的基础工具。GTR 系统覆盖了三大洲，这使其用户不管身在何处都能通过一个单一的平台公开履行提交监管报告的义务，成本更低，效率更高。

（二）欧盟

根据《欧洲市场基础设施监管规则》（EMIR，European Market Infrastructure），自 2014 年 2 月 12 日起，所有欧盟成员国参与衍生品交易的成员，其发生的每笔衍生产品交易信息必须向 EMIR 授权的六大交易数据库之一报告。这六大交易数据库包括：（1）芝加哥商品交易所交易数据库（CME）；（2）DTCC 的衍生品数据库（DDRL）；（3）洲际交易所交易数据库（ICE）；（4）波兰 KDPW 交易数据库；（5）REGIS-TR 交易数据库（卢森堡）；（6）伦敦股票交易所推出的 Una Vista 交易报告库。金融机构必须在交易达成后一个工作日内向 TR 报备信息，包括交易合约的全部细节，以及合约生命期内的任何修改、清算信息都要在一个工作日内报备。以上六家交易数据库中，DDRL 的市场份额最高，2014 年其市场占比约为 67%，其次是 UnaVista 和 REGIS-TR，其市场占比分别为 15% 和 11%，CME、KDPW 和 ICE 的市场份额相对较小。

其中，REGIS-TR 作为欧洲指定的中央交易数据库之一，由西班牙中央证券存管机构（Iberclear）和明讯公司合资成立，为用户履行监管机构规定的报告业务提供便利，并帮助客户完善交易后报告业务的运营管理，是多个产品类别和跨地区衍生品交易的中央交易数据库，并为市场参与者和监管机构提供了一个全面了解此类衍生品头寸情况的渠道。

（三）印度

自 2008 年国际金融危机发生以来，全球衍生品市场的负面事件推动了印度交易报告制度的发展及完善。印度监管机构尤其要求衍生品交易者全面、及时地汇报交易信息，以防止风险积聚，预防危机发生。目前，印度仅正式设立了一家受印度储备银行监管的中央交易数据库。印度储备银行指定印度清算有限公司（CCIL）创建和维护中央数据库的运营，主要为监管机构收集和汇报相关数据，以监管场外衍生品市场的参与者。监管机构希望这些数据能提供足够的信息来保证市场透明度，使市场参与者能更好地对其自身处境做出评估和决策。

（四）中证登基金业中央数据交换平台

为保护投资人的利益，加强对基金业的监管，中国证监会自 2008 年开始不断推动基金行业中央数据交换平台的建设。2011 年 6 月，证监会发布《证券投资基金销售管理办法》，其中第七十一条规定："基金销售机构、基金注册登记机构应当通过中国证监会指定的技术平台进行数据交换，并完成基金登记数据在中国证监会指定机构的集中备份存储。数据交换应当符合中国证监会的有关规范。"并同时委托中国证券登记结算有限责任公司（以下简称中证登）负责开发维护基金业中央数据库。

同时，为提高信息披露质量，证监会还大力推行电子化信息披露格式（XBRL），相继发布了一系列的标准规范。截至目前，所有证券投资基金的季报、年报、半年报，临时公告以及每日净值报告，均通过中央数据交换平台进行电子化报送，充分实现了数据接口和信息披露的标准化，并进一步提升了基金行业的信息共享程度。

国内外构建中央交易数据库的经验与启示

正如20国集团所期望的，国际清算银行所有成员国均承诺在本国推行《金融市场基础设施原则》提出的24条原则和5项责任，积极完善本国金融市场基础设施建设，推动本国中央交易数据库TR在监管、制度和机构设置方面的改革和建设。

2015年6月，支付结算体系委员会（CPSS）和国际证监会组织（IOSCO）联合对《金融市场基础设施原则》的监管实施情况进行了评估，对各成员国的TR建设及进展情况进行了评级。从实施评估结果来看，绝大多数成员国都已建立了TR，只有中国和印尼尚未建立TR（见表1）。

表1　2015年PFMI实施评估结果

	中央对手方（CCP）	支付系统（PS）	中央证券存管/证券结算系统（CSD/SSS）	中央交易数据库（TR）
阿根廷	3	1	1/3	3
澳大利亚	4	4	4	4
比利时	4	4	4	4
巴西	4	4	4	4
加拿大	3	3	3	4
智利	1	2	1	1
中国	3	3	3	NA
欧盟	4	4	4	4
法国	4	4	4	4
德国	4	4	4	4
中国香港	4	4	4	4

续表

	中央对手方(CCP)	支付系统(PS)	中央证券存管/证券结算系统(CSD/SSS)	中央交易数据库(TR)
印度	4	4	4	4
印度尼西亚	1	1	1	NA
意大利	4	4	4	4
日本	4	4	4	4
韩国	2	4	2	1
墨西哥	1	3	3	3
荷兰	4	4	4	4
俄罗斯	2	4	2	1
沙特阿拉伯	NA	4	1	4
新加坡	4	4	4	4
南非	4	4	4	1
西班牙	4	4	4	4
瑞典	4	4	4	4
瑞士	4	4	4	2
土耳其	1	4	1/4	1
英国	4	4	4	4
美国	2/3/4	4	2/3/4	1

注:评级"1"表示尚未发布相关实施办法草案但已经在监管部门的考虑范围;评级"2"表示已有实施办法草案发布;评级"3"表示实施办法最终稿已发布;评级"4"表示实施办法终稿已经开始施行;评级"NA"表示还没有任何的监管和实施措施。

(一)全球中央交易数据库的构建经验

1. 政府或监管部门发起推动

鉴于 TR 在满足金融监管要求、提高市场透明度、防范系统风险方面的功能已获得监管部门的广泛共识,为此,各国监管部门已将 TR 的建设纳入相应立法或政策法规及实施框架,积极在司法和政策层面推动建设本国的TR。且由政府或监管部门推动建设TR更易于使交易报告制度在短期内得到迅速推广，并使交易报告流程和信息自发满足监管的需求。

2. 中央登记结算机构或交易所等中介机构经授权进行市场化运作

中央登记结算机构或交易所本身作为金融市场的主要基础设施和服务提供商，具有显著的信息集约优势和技术领先优势。委托此类机构作为TR，可以降低市场参与者的运营成本，提高处理效率，确保系统和信息的安全性。

3. 单一TR和多个TR模式并存

由于各国金融衍生品市场发展程度参差不齐，TR的设立模式也各不相同。对于美欧等发达国家市场，由于各类产品已具有确定的巨额交易，一般都会对各类产品分别设立TR，而多个TR之间的数据汇总和交换目前也面临难题。印度、新加坡等国家单一类衍生产品交易规模均较小，一般会针对不同产品设立单一TR以降低成本，更方便监管部门进行监督管理。

（二）对我国完善金融市场基础设施建设的启示

金融基础设施建设是支持金融可持续发展的重要条件，党的十八届三中全会通过的《关于全面深化改革若干重大问题的决定》，从战略高度对金融基础设施建设提出了更高要求。随着我国经济步入新常态，更为复杂的金融创新活动和开始浮现的金融风险都对加强和完善我国金融基础设施提出了新的需求。为了维护金融市场的健康稳定，更好地满足监管部门对于多层次金融市场的监管要求，提高市场运行效率和透明度，有必要在新兴领域探索构建中央交易数据库，丰富监管手段，完善金融基础设施建设。

1. 适应多层次金融市场发展的需要

近年来,随着金融改革和金融创新力度的不断加大,我国金融业已逐步突破了分业经营的底线,混业经营模式开始逐步取代分业经营模式。特别是随着金融业务综合化程度的不断提高,银行、信托、证券、保险机构之间的业务往来日益密切,一些新的金融业务如银证合作、银保合作、证保合作不断涌现。由于原有体系的分割,使得整个金融监管仍处于分块的状态,包括银行、证券以及保险在内的监管,虽分工清晰但无法形成整体的准确判断。特别是自我国启动利率市场化改革以来,金融市场中各个子市场相互融合关联,包括影子银行、地方平台负债、非标资产、股市场外配资扩张等风险不仅给金融监管带来挑战,也给整体的宏观经济调控带来巨大挑战。适应市场的发展需求,在金融创新领域,如非标资产、信贷资产流转、P2P 网贷、网络小额贷款等领域建立中央交易数据库 TR,不仅有助于创新业务走向阳光化和规范化,而且有助于建立信息共享机制,满足市场多头监管的需要,对金融市场的稳定发展起到基础性作用。

2. 提高金融市场透明度的需要

美国次贷危机的爆发,凸显了金融市场透明度建设的迫切需要。由于市场参与者并不知晓对手方的风险大小,当出现对手方违约时,他们所做的就是及时与对手方解除合约并撤出市场,这就带来了两个问题:一是造成市场的流动性枯竭,二是由此增加了金融机构管理风险的难度。为此美国金融监管当局要求所有的场外衍生品交易数据均应向中央交易数据库 TR 报告,以此强化对金融风险的监管。同样,中央交易数据库制度的建设也有助于我国金融市场透明度的提高,减少信息不对称,帮助市场参与主体及时全面了解对手方风险暴露程度,避免市场恐慌情绪的蔓延。

3. 系统性风险监测的需要

系统性风险是破坏金融市场稳定性的风险,是由某一事项所带来的影响从而引发整个金融体系大范围的经济价值损失,并伴随着市场不确定性的增加,投资者将对市场失去信心,其严重程度很可能足以对实体经济产生重大负面影响。中央交易数据库的使用将帮助监管部门和市场参与者对金融机构累积的风险进行识别和准确计量,并检查针对这些风险是否存在有效的管理方案和足够的防范措施。中央交易数据库 TR 存储的大量标准化的交易数据和产品信息,是监管部门评估系统性风险需求的重要工具,对维护金融市场的稳定有着不可替代的作用。

4. 新业态金融健康发展的需要

近年来以互联网为代表的现代信息科技快速发展,特别是移动支付、社交网络、搜索引擎、大数据、云计算等创新技术,大大改变了原有的传统金融模式。在互联网金融模式下,第三方支付、P2P 网贷、网络小额贷款、众筹融资等新型金融业态蓬勃发展。同时,民营银行、网络银行、消费金融公司、金融租赁公司、财务公司等新型金融机构也不断兴起,成为传统金融机构的有力补充,带来了金融效率和金融服务的提升拓展。在快速发展的金融新业态下,建立各个行业的中央交易数据库 TR,有助于帮助各个行业规范业务流程,建立统一标准,提高市场运行效率,防控市场风险。

银登中心在推进我国金融市场基础设施建设中的作用

在借鉴国内外中央交易数据库 TR 建设原理和经验的基础上,结合我国金融市场发展的新形势,银行业信贷资产登记流转中心(以下简称银登中心)应立足于其作为金融基础设施的基本职能,充分发挥其技术优势和中介职能,积极为信贷资产流转等市场提供服务,推动我国多层次金融市场的构建,助力实体经济发展。

(一)依托中央国债公司的核心功能支持,具备构建中央交易数据库的天然优势

银登中心的设立,旨在借鉴中央国债登记结算有限责任公司(简称中央国债公司)多年的技术积累和业务资源的基础上,为包括信贷资产等在内的金融资产提供统一的登记机制和流转平台,促进金融市场的规范、高效和有序发展。经过两年来的实践,达到了预期效果。通过建立信贷资产登记制度,一是对信贷资产的基本要素进行格式化记载,促进了信贷资产的标准化和规范化,为信息披露和交易流转打下了良好基础;二是为信贷资产在二级市场上配发唯一代码,避免其重复登记和交易;三是清晰记载资产债权债务关系变更,保障了信贷资产流转的法律效力,保护了交易双方的权益。登记制度在最大程度上维护了市场参与者的利益,达到了服务市场、服务流转、服务监管的目的。

(二)可成为监管部门提高监管效能的有力抓手

依托银登中心构建信贷资产等领域的中央交易数据库,建立相关金融资产的集中登记机制,可提高监管效能和宏观金融风险的监测识别能力。借助集中统一的登记,监管部门能够获得以实时账务信息为基础的监测信息,有利于非现场监管手段的完善。特别是随着互联网金融的快速发展,中央交易数据库的建设,有助于弥补行业自律和监管的不足,为业务监管和风险防控提供有力的数据支持。同时根据国际经验,由监管部门指定的登记机构设立中央数据库不仅有利于交易报告制度在短期内

迅速推广，而且有利于发挥登记机构市场化运作的优势和显著的信息优势，降低运营成本，提高处理效率。

（三）坚持服务市场的宗旨，为市场提供优质全面的服务

作为金融资产交易信息的电子化集中登记机构，银登中心按照市场的需求设计系统，以市场化的方式运作平台，可进一步贴近市场，为产品的标准化和二级市场的交易流转提供支持。此外，银登中心作为第三方机构，不代表市场任意一方利益主体，具有客观、中立的市场地位，还可以为市场提供更为丰富的增值服务，如估值、评级、资金清算与结算等服务，有助于进一步提高金融市场运行效率。

注：

1. 2008 年金融危机爆发后，国际社会对构建高效、透明、规范、完整的金融市场基础设施十分重视并达成广泛共识。金融稳定理事会（FSB）强烈呼吁加强核心金融市场基础设施的管理。2010 年 2 月，结合金融危机的教训以及执行现有国际标准的经验，国际支付结算体系委员会（CPSS）和国际证监会组织（IOSCO）全面启动对《重要支付系统核心原则》《证券结算系统建议》和《中央对手建议》等已有标准的评审工作，通过识别和消除国际标准之间的差异，提高最低要求，提供更为详尽的指导，扩展标准范围涵盖新的风险监管领域和新型金融市场基础设施等措施，支持 FSB 完善核心金融市场基础设施的工作。2012 年 4 月，CPSS 和 IOSCO 正式发布《金融市场基础设施原则》（PFMI）。

（本文原载于《债券》2015 年 10 月刊）

去产能、去杠杆考验中国金融体系

巴曙松

关于中国经济增长前景的争议,在2015年下半年进一步升温。如何处置依然显著存在的过剩产能,以及还处于积累中的债务杠杆,是中国经济所面临的重大挑战,也将进一步考验中国金融体系。因此,相关的改革和对策更显紧迫。

2016年去产能、去杠杆压力仍大

已公布的2015年三季度宏观经济数据显示,中国经济在总体平稳基调下继续呈现弱势,无论是企业盈利状况,还是投资状况等,都加大了市场对中国经济增长的担忧。即使有较为平稳增长的消费、一线城市房地产的回暖,以及基础设施投资力度加大等积极信息,但这些正面信息依然没有对冲经济回落的趋势。

如果结合2015年四季度以来中国政府采取的一系列力度在加大的

本文作者时任中国银行业协会首席经济学家。

托底政策,包括 10 月 24 日的降准和降息等,我们对短期中国经济增长倒并不悲观。随着这些短期托底政策力度的如期加大,2015 年四季度乃至 2016 年初中国经济增长有望呈现短期回升态势,但真正的挑战在于托底政策效果在短期显现之后,中国经济如何处置依然存在的过剩产能,以及还处于积累中的债务杠杆,进而提高经济效率。

2016 年中国经济会面临更为沉重的去产能、去杠杆、提高经济效率的中期挑战。当前中国经济的转型进展差异较为明显地体现在不同行业的差异和分化上。具体来说,服务业和消费行业的表现一直良好,一线城市的房地产销售活动开始活跃,但是房地产投资回升较弱,一些创新型行业表现也比较出色。与此形成对照的是,第二产业的增长非常疲弱,PPI 已连续四年下降,二三线城市房地产市场库存依然居高不下,一些产能依然过剩的上游行业、高杠杆行业在 2016 年必然面临破产重组、清理过剩产能的艰难任务;中国经济的持续复苏也不能主要依靠部分高杠杆行业的债务持续上升和积累,而是必然需要经历一个去杠杆的过程。但这又是中国经济重新走入上升周期、推动经济转型进展所难以回避的现实问题。

风险将主要表现为银行资产质量的恶化

去产能、去杠杆的过程可能会导致银行业不良资产一定幅度的上升。目前在香港市场上市的银行股的估值,从历史水平看确实处于相对低的水平。其中一个重要的原因,正是投资者预期,随着去产能和去杠杆的逐步推进,这些潜在的经济风险会暴露为银行体系中的不良资产。从目前的银行估值水平来看,市场预期未来银行可能出现的不良资产比率在

10%左右,这一预期水平远远高于银行现在的实际利率水平,这也显示出市场现在比较悲观地预期未来银行业将经历一个资产质量恶化的时期。

市场对银行资产质量在去产能、去杠杆的过程中可能会加速恶化的预期,实际上是基于中国现在的金融结构特征,以及此前经济波动给金融体系带来的影响。中国经济正在从对资源粗放投入的传统制造产业高度依赖,转向一、二、三产业协调均衡的集约式发展,普遍特征是从重资产转向轻重资产并存,从有形资产转向无形和有形资产并存。经济领域的这些动向产生了多样化的资金需求,而银行融资体系的特征是习惯性地服务于资本密集、重资产的工业企业。

类似的产融不协调不仅延缓了中国产业转型的步伐,也使得个别重资产领域产生了大量的过剩产能,导致资源配置效率低下。由于银行的大量信贷基于抵押担保业务特征等,主要投向的是重资产行业,过剩产能的出清反映在银行的资产负债表上就是资产质量的恶化。从银行业公布的数据看,自 2013 年一季度以来,中国商业银行贷款不良率已经连续 8 个季度上升,截至 2015 年上半年,商业银行不良贷款率已经达到 1.39%(2013 年一季度为 0.96%)。而且从不良率上升的势头上看,制造业是显著快于第三产业的。银监会的数据显示,与 2012 年相比,2014 年采矿业和制造业的不良率均上升了 0.82 个百分点,相比之下,第三产业的不良率上升趋势则缓慢得多,居民服务和其他服务业的不良率上升了 0.56 个百分点,个人贷款和金融业的不良率分别上升了 0.13 个和 0 个百分点。

过剩产能的缓慢出清,以及去杠杆的迟迟难以推进,可能会进一步放大金融资源的错配,延缓经济转型的进程。银行资产负债表的持续恶化会损害银行的信贷投放意愿,进而对高度依赖银行融资的经济运行产生向下的负反馈，中小企业和新兴产业首当其冲成为信贷收紧的牺牲品。过剩产能的“僵而不死”，仍在消耗信贷资源，对新兴产业产生了信贷挤出。尽管表面上降低了局部风险爆发的可能，但却是以延缓产业升级的进程为代价的。

宽货币向宽信用传导路径有待疏通

中国的融资体系仍以银行等间接体系为主，在银行体系不良率持续攀升的背景下，加之其对经济前景不明朗的看法，银行主体的惜贷情绪可能加剧，从而导致宽货币向宽信用的传导受阻。当然，不可否认，宽货币带来的利率下行减缓了债务率攀升的冲击。2015 年以来，央行进行了多次降准（包括定向降准）、降息，但是整个社会信用扩张并不显著。

首先表现在整个社融和信贷数据上，信贷资源仍在向政府信用倾斜。截至 2015 年 9 月，新增社会融资 11.9 万亿元，较去年同期少增 0.9 万亿元；三季度的新增人民币贷款，特别是中长期贷款的量出现较大幅度上升。虽然表面上看，社融和新增信贷量在三季度均有不错表现，但是这并不意味着整个社会的信用有所恢复，其中有一些干扰因素。三季度有专项金融债撬动的配套信贷投放影响，6000 亿元的专项金融债在 9 月之前已经全部投放，4 倍至 5 倍的杠杆自然会带动较大的信贷投放量，这在企业的中长期贷款上反映得尤为显著。因此，银行对政府主导的基建项目的热情较高，从侧面也反映了其对其他行业放贷的谨慎。如果将稳增长带动的这部分信用剔除，整个社会的信用扩展则并不通畅。类似的情况在 20 世纪 90 年代的日本也曾出现过。如果仅仅看 M2，日本货币供应得以维持在 2%～4%的水平，但实际上主要是由于政府逆周期的财政扩张、信用创造,来自私人部门的借贷则是负增长。

其次,债券市场融资利率的下行对新兴产业惠及有限。虽然2015年债券的供给量较大,但在较为宽松的流动性下,债券在二级市场上的收益率和在一级市场上的发行利率均出现了下行,但从实际产业影响看,新兴产业目前并未从中受益良多。第一,目前国内债券市场的发债门槛仍较高,很多处于初创期的新兴产业难以达到这个门槛;第二,从债券的收益率上看,大幅下行的券种几乎均为国债和政策性金融债,企业债的收益率并未出现明显下行,在流动性充裕之下,企业债和国债的收益率差并未显著收窄,表明在当前的经济环境下,整个市场的风险偏好依然较低。

在国有企业改革中主动推进去产能和去杠杆

在当前经济环境下,要想促使宽货币更好地向宽信用传导,金融体系不仅要承担过剩产能消化的压力,更要承启新兴产业向上的融资需求;同时,高杠杆行业的去杠杆也是难以回避的任务,经济增长不可能依靠债务的持续增长。

由于当前这一轮过剩产能主要集中在中上游行业、重资本行业,而这些行业又大都与国有企业有紧密联系,因此需要当前推进的国有企业改革做更有力度的配合。比如,在国有企业改革的举措中考虑出台专门推进去产能、去杠杆的配套政策,制定合理的中央和地方成本分担机制,解决国有企业的历史遗留问题等。

(本文原载于《债券》2015年12月刊)

互联网金融对传统金融的挑战

曹凤岐

我理解互联网与金融的结合,是借助互联网技术实现资金交易、流通,移动支付和信息功能的新兴金融模式,当前互联网金融的快速发展是伴随着电子商务、大数据、云计算、社交网络、搜索引擎等的飞速发展而成长起来的。当前,互联网金融保持了蓬勃发展的势头,对传统金融形成了巨大的挑战。

互联网金融发展的四个阶段

我国互联网金融的发展大致可划分为四个阶段。

(一)金融互联网阶段

第一阶段是 2005 年以前,这一阶段实际上大家叫它“金融互联网”,主要是通过互联网技术帮助金融机构做传统业务。

(二)第三方支付崛起

第二阶段是从 2005 年到 2012 年之间,网络开始在我国逐渐普及,在

曹凤岐,著名经济学家,北京大学光华管理学院教授。

这个过程中,第三方支付机构随着电子商务逐渐成长起来,互联网与金融的结合开始从技术领域深入到金融业务领域,这一阶段的标志性事件是2011年中国人民银行开始发放第三方支付牌照,由此,第三方支付机构进入快速发展的轨道,为网络支付、结算等方面带来很大便利,随着电子商务和网络支付的发展,也使电子货币得到发展。

(三)互联网金融爆发式发展阶段

第三阶段是从2012到2013年,应该说2013年是中国互联网金融的元年,是互联网金融得到爆发式发展的一年,从这一年开始,P2P网贷平台发展迅速,各类依托互联网的众筹融资平台开始起步,第一家从事网络保险的公司获批,一些银行、电商以互联网为依托对传统业务模式进行互联网改造,加速建设线上的创新平台。

这其中的标志性事件是余额宝的异军突起,余额宝自2013年6月份推出后,其发展速度大幅超过预期,以其为代表的互联网金融产品整体也出现了跳跃式的发展,数据显示,到2014年3月末余额宝的用户超过8000万,资金额规模超过5400亿元,截至2014年一季度累计为客户实现收益75亿元。大家知道余额宝其实是天弘基金旗下的一个货币基金产品,在发布余额宝之前,天弘基金是一个在业内排名比较靠后的基金公司,也正是因为在传统的经营模式下,该基金处于落后的不利局面,不得已寻求变革,在获得互联网巨头阿里的参股入主之后,以互联网的模式改造了传统货币基金产品,短期内就大获成功,从一家小规模基金公司跻身成为管理规模达到5000亿元以上的大型基金公司,这种规模即使放眼全球也是靠前的,其发展速度也是前所未有的。

而值得注意的是以余额宝为代表的互联网金融产品实际上已经打破

了只有银行才能吸收存款的界限，它把货币市场和资本市场结合起来了，创造了新的金融工具，也为投资者带来了收益。所以余额宝出现的意义是促使传统金融机构同互联网金融机构深度合作，通过互联网发售的不仅包括基金产品，还包括证券、保险、理财产品等金融产品，这提高了金融机构和互联网公司的效益，拓宽了个人投资者的投资渠道，而且打破了传统银行业的业务界限，现在证券公司、基金公司、保险公司等纷纷和电商合作，这也是金融交易方式的重大改变。

（四）互联网金融开始向全方位金融服务方向发展

从2014年开始，互联网金融的发展进入第四阶段，主要是互联网金融开始向全方位金融服务方向发展。移动支付、云计算、社交网络、搜索引擎等新兴技术与传统金融深入结合，催生出形态各异的互联网金融模式，可以为客户提供全方位、无缝、快捷、安全高效的金融服务。目前互联网金融的创新运营模式层出不穷，比如第三方支付平台模式、P2P网络信贷模式、P2B模式（个人向小型企业提供贷款）、众筹筹资模式、随着电子商务崛起而产生的虚拟货币及交易等，以及电商发起创立的互联网银行模式，还有搜索比价模式，即通过金融产品搜索引擎的方式，在一个金融平台把有投资理财需求的个人和有资金需求的中小银行和小贷机构进行对接，使得商业银行能通过互联网渠道，批量获得客户。

互联网金融对商业银行的挑战

互联网金融的发展方兴未艾，可以乐观预期未来将出现一种不同于传统金融融资和直接融资的新型金融生态。与传统金融相比，互联网金融在资金配比效果、渠道、数据信息、交流成本、系统技术等方面具有明显

的优势。当前,互联网金融的蓬勃发展在一些方面对传统银行构成了严峻的挑战,主要表现在以下几个方面:

(一)互联网金融的虚拟网点可以很大程度替代银行物理网点的功能

传统模式下的金融业务模式,首先需要有银行网点,个人才能参与金融业务,但现在只要有了网络和手机,个人就能成为一个能参与金融的业务终端;与此同时,传统的银行物理网点还面临着营业成本、安保成本的不断攀升,而网络银行在这方面也有着巨大的成本优势,所以,未来商业银行的物理网点减少或将是一个趋势,这将对商业银行的经营模式产生巨大的挑战。

(二)互联网金融能够突破时空局限

依托全天候覆盖的虚拟网络,互联网金融能突破空间局限,在任何时间、地点都能灵活地服务于广大时空范围的消费者,让消费者在任何地点,动一动手指头、点一点键盘、鼠标就能完成各种金融支付,这是传统银行无法企及的。

(三)互联网金融能大幅降低业务成本

欧洲银行业曾经测算过单笔金融业务的平均成本,营业点是 1.07 美元,电话银行是 0.54 美元,ATM 是 0.27 美元,而通过互联网的成本仅为 0.1美元,其成本优势巨大。

(四)互联网金融能有效提升金融服务和风险管理效果

大数据能集合海量非结构化数据,通过事实分析和挖掘客户交易信息,掌握客户的消费习惯,准确预测客户行为。充分利用大数据、云计算、信息集散处理,有助于在金融运营和风险控制方面有的放矢,由此,互联网金融能有效提升金融服务和风险管理的效果。

在互联网金融对传统金融产生挑战，带来竞争的同时，也给传统金融注入新的理念和活力，促生新的合作空间，我们不应该把传统金融和互联网金融对立起来，甚至妄图将其取缔，在技术进步势不可挡的今天，这也是不可能实现的。

其实传统银行也有自己的优势，其拥有最广泛的客户群体，大面积的网点资源积淀和大量的专业人才。这是互联网金融不可企及的专业和资源优势，商业银行在发挥自身优势的同时，可以借鉴和利用互联网金融的理念和模式，从而获得广阔的发展空间。

互联网金融发展的重大意义

互联网金融从无到有、从萌芽到快速发展的过程说明，这是运用互联网技术与精神实现金融服务的新兴模式，其本质上是一种更民主、更普惠大众的金融模式，具有重大意义。

首先，互联网金融的发展打破了银行对金融的垄断。其次，互联网金融在某种程度上促进了利率市场化，提高了投资者的收益，比如余额宝对银行固定利率的冲击，倒逼商业银行顺应市场创新，做出变革。最后，互联网金融更能以开放、平等、合作的模式，促成新的普惠金融的业态。比如，P2P 的发展在一定程度上有助于缓解中小企业贷款难的局面，支持了中小企业的发展；还有个人金融的多元化需求，包括个人投资和财富管理，互联网金融在这方面也有很大的发展空间，通过互联网金融的渠道，金融不再是普通人看不懂的专业术语，理财产品、货币基金等业务不再是参与门槛极高的产品，个人投资者可以很方便地参与到金融体系中并获得收益，这就是普惠金融，这也是传统金融顾及不到的广泛市场需求。

互联网金融的发展正在改变中国的金融生态。

以积极的态度做好对互联网金融的监管

互联网金融代表了金融创新的方向,我们应该以积极的态度,为其在政策上创造一个良好的发展环境,对其存在的问题应该重视和解决,特别要提高其风险控制的能力,打击违法犯罪行动,保障互联网金融的健康发展,促使其在市场上发挥金融配置的作用。同时,为了引导和支持互联网金融的市场竞争,从业机构需要通过行业自律等多种形式完善管理,做到诚信为本、守法经营。

目前我国对于互联网金融的监管尚不完善,互联网金融很多方面已经从事了银行业务,但是它们没有受到银行业的监管,部分企业甚至突破规则,越过规则去竞争,这将对金融稳定带来不良后果。而且,与传统银行封闭化运营的业务模式相比,互联网金融更容易遭受黑客的攻击、病毒侵袭,金融信息更容易被盗取、篡改,特别是对交易者身份的真实性,有时候很难确认,存在较大的信息泄露及欺诈风险等。所以,对互联网金融我们既要肯定其积极的作用,但对其存在的风险隐患也不能忽视,应该加强对互联网金融的监管,包括内部自律和外部的监管。

(一)应明确互联网金融的法律定位

应明确互联网金融的法律定位,允许其从事金融服务,但是不能越界经营。这里实际上有两个监管底线,一是不能够非法吸收公众存款,互联网金融不等于银行;二是不能非法集资。现行法律还没有对所有的金融机构属性做出明确的定位,对互联网金融尤其是 P2P 借贷平台的业务活动,还没有专门的法律规章予以明确规范。实际上 P2P 借贷平台的产品设计运作略有改变就可能越界，进入法律灰色地带，甚至触碰底线。

（二）需要完善资金第三方存托管制度

有一些 P2P 网贷平台没有建立资金第三方存托管机制，大量资金沉淀在平台账户里，如果没有外部监管就会存在资金被挪用，甚至携款逃跑的风险。近两年先后发生了部分 P2P 网贷平台的携款逃跑和倒闭事件，就给放贷人带来很大的损失，也影响了整个行业的健康发展。因此，加强互联网金融安全还需要完善资金第三方存托管制度。

（三）健全互联网企业的内控制度

内控制度不健全可能引发金融风险，实践中一些互联网金融企业片面追求业务增长和运营利润，采用了一些有争议、高风险的交易模式，也没有建立客户识别和交易分析报告机制，容易为不法分子利用平台进行洗钱创造条件，还有一些企业存在信息安全水平比较低，个人隐私容易泄露的风险。从事互联网金融的企业应该从制度和道德两个方面做好风险约束，必须设置内控防火墙，健全互联网企业的内控制度。

（四）加强互联网金融的外部监管

互联网金融本质上还是金融，而目前外部监管对互联网金融在某种程度上存在盲区。比如，以互联网金融方式运作的货币基金、保险、P2P 等业务的监管责任不是非常清晰。特别是一些互联网平台从事综合性的金融服务业务，更是需要多个监管部门的统一协调管理，加强互联网金融的外部监管。随着金融业和互联网金融的发展，当前中国的金融监管体系面临着一定程度的变革。

（本文原载于《债券》2015 年 3 月刊）

金融机构深刻变革　转型契机蕴含其中

——专访曹远征

《债券》：十八届三中全会描绘出了全面深化改革的宏伟蓝图，2013年中央经济工作会议提出了2014年经济工作的总体要求和主要任务。结合当前的宏观经济形势，您认为在金融市场上有哪些特别值得关注的变化？

曹远征：从宏观来看，十八届三中全会开启了中国经济新的阶段。中国经济运行的基础，乃至与这个基础相关的周期都在发生深刻变化。过去中国经济依赖于投资驱动，其中又以政府投资为主导，而十八届三中全会最重要的一句话，即明确指出：经济体制改革是全面深化改革的重点，核心问题是处理好政府和市场的关系，使市场在资源配置中起决定性作用和更好发挥政府作用。

简而言之，重新界定了政府与市场的关系，意味着政府将在更大程度上退出市场，政府投资的意愿、动力及机制都会出现重大转变，并由此开启一个新的经济周期。

曹远征时任中国银行首席经济学家。

与此同时，中国经济过去投资主要靠负债来拉动经济，其中政府负债又是主要组成部分。但在2013年12月，中组部发文，要求不能仅以经济增长作为政绩考核主要指标，而且要加强对政府债务状况的考核。可以预期，未来政府的负债意愿将发生重大变化。这在金融市场上已有所反映，就是过去几个月利率开始上升；此外，地方融资平台债务违约风险也在增大。

《债券》：利率飙升确实是金融市场非常关注的一个话题。您认为产生这种现象的原因是什么？这与政府退出市场有怎样的联系？

曹远征：分析这个问题，首先从理论上，我们要对“利率”有一个完整的认识。利率本身包含三个层面的含义：一是资金的时间价值，二是资金的获取成本，三是风险补偿价值。

过去我国金融机构的风险由政府兜底，所以其利率不包含风险补偿。但近年来随着政府的退出和利率市场化进程的加快，风险要释放到市场上来，金融机构要对风险进行把握、定价及产品创新，所以包含了风险补偿的市场利率肯定会有所上升。

另一方面，过去利率没有实现市场化之前，金融企业只关注盈利性——尽可能多地负债，以尽可能多地形成资产，注重资金的长端配置，但短端流动性紧缺。随着金融行业竞争的加剧和利率市场化的推进，金融机构面临平衡盈利性与流动性的问题，需要获得短期流动性，长端资金向短端挪动，造成短期资金的获取成本提升，使收益率曲线上短期利率也出现了上升。

所以，无论是风险利率还是无风险利率，都出现了上升，抬高了整体的利率中枢。

从这个意义来说,当前正在推进的利率市场化,不仅仅是利率水平高低的变动,更核心是金融机构对风险控制、识别、定价能力的竞争,从而形成有竞争性的市场利率。

《债券》:利率中枢的上升将对金融机构,尤其是银行的经营,构成很大的挑战。您预期金融机构的经营行为将会因此出现哪些变化?

曹远征:其实在前面已经提到,金融机构的行为正在发生很深刻的变化。尤其是资产负债表最为庞大的银行,其经营理念发生了根本性的转变——盈利模式不是再依靠传统的存贷利差,而是变为负债与资产之间的息差。

我们看到,在银行的负债端,由于存款在持续下降,银行可贷资产规模在下降,同时流动性风险也在增加。于是银行采取措施,一方面推出理财产品留住客户资金,另一方面通过同业等业务开辟新的资金来源渠道,到市场中去借钱。截至 2013 年 6 月末,银行发行了近 4 万只理财产品,这是非常惊人的。每一个产品就是一份风险合约,体现了银行风险识别和风险定价能力。相较而言,这本来是中国金融机构最薄弱的部分。从一定意义上讲,这些创新的金融产品的涌现,反映出银行核心竞争能力正在提高之中。

同时,在资产端,银行对客户的主动选择也在增强。以往我国金融统计数据中 M1 和 M2 一直存在剪刀差,且二者增速之差越来越大。从银行角度看,M1 可以视为企业的存款,M2 可视为银行的贷款。剪刀差加大,意味着企业资金占压很多,企业存款在下降。为了维持营运,企业必须贷款，于是M2成为流动性的补充来源。所以说，金融市场流动性的紧张与经济发展中的产能过剩是关联在一起的。现在银行加强对客户的选择，让资金真正流向有效率的部门，而非过剩产业等低效率部门，实现对实体经济的支持，对经济转型也是大有裨益。这是中国金融市场非常重要的变化。

银行将不再像过去那样类似政府的“附属机构”，而是开始有了自己的选择，逐步实现真正的商业化。银行这种主动管理负债和资产行为的出现，是一种深刻的转变。

《债券》：确实，金融业这种深刻的变化，对于实体经济有着直接的导向和推动作用。如果沿着当前的金融改革路径推进下去，下一步我们将看到怎样的情形？

曹远征：观察近年来的金融业发展情况，已经很清晰地看到金融脱媒的进程，即由间接融资向直接融资的转变。

金融脱媒表现在两个层面。

从宏观数据来看，分析社会融资规模总量这一指标，2009年人民币贷款约占其90%，现在已经只占约50%，下降幅度相当大。也就是说，一部分信贷市场被债券市场、股票市场等所取代。尤其是债券市场，这些年发展迅猛，其市值规模已经超过股票市场，且增速快于贷款增速。可以说，固定收益市场将成为资本主体市场。债券的持有者主要是银行，金融脱媒使得商业银行不再完全依靠存贷款业务进行经营，而成为债券市场最大的机构投资者。

还有更深刻的金融脱媒，发生于银行内部，就是刚才提到的理财产品,其实这是资产证券化的重要表现。只不过,这是初步的证券化或者说“半拉子”的证券化,只有面向银行客户的一级发行市场,没有为理财产品提供二级流通市场,没有实现真正的资产证券化。所以,理财产品所对应的资产既脱离了银行的资产负债表,但又没有实现完全的脱离,因为风险没有真正转移到表外。

以全球金融业的发展来看,标准资产进行证券化是大趋势,比如住房按揭贷款、公司贷款,特别是标准公司的贷款,都在通过证券化的形式向投资人发售。可以看到,2013 年 8 月我国也提出进一步扩大信贷资产证券化试点。此后国开行发行了 80 亿元的开元铁路专项信贷资产支持证券。这既是扩大信贷资产证券化试点后发行的第一单产品,也是银行业金融机构支持铁路投融资体制改革的一次有益探索。由于通常铁路建设及其回收周期长于贷款期限,这样的资产证券化产品能够纠正期限错配,保障金融安全,同时也考验了银行的风险配置技术。因此,证券化将是今后金融业发展的重要方向。

金融改革的深化不仅影响金融机构,也给社会上广泛参与投资的投资者带来新的挑战。传统意义上银行存款是没有任何风险的,投资者对自己的风险偏好认知是不全的。随着金融风险的释放,每个投资者都要开始测试自己的风险偏好,然后根据不同的风险偏好持有不同的金融产品。尤其是当违约出现后,投资人才能真正对投资风险偏好有所检阅,由此才能体现高风险高收益与低风险低收益的差别。

《债券》：债券市场作为重要的直接融资市场，近些年取得了飞跃式的发展，您认为债券市场还存在哪些亟待解决的问题？

曹远征：由于我国金融市场的监管不是按功能进行监管，而是按机构类型进行监管，因此从空间来看，债券交易分别在银行间和交易所两个市场进行，债券在两个市场间的流动性不够，没有实现完全的互联互通；从时间上看，短期资金所在的货币市场、中期资金聚集的信贷市场和沉淀长期资本的资本市场，三者之间也是不通畅的。

由于时空的分割，金融市场全部产品不能覆盖所有期限，很多期限的产品也缺乏充分交易来为其所对应的风险点进行定价，因此对于债市形成连贯的收益率曲线构成了很大的挑战。十八届三中全会明确提出“健全反映市场供求关系的国债收益率曲线”，这句话的含义非常深刻，也是前面所说的金融机构进行风险识别和定价的基础。未来在三个金融子市场中间如何形成一个统一的国债收益率曲线，在一句话的背后还包含着未来很多推进工作的思路和方向。

《债券》：如果说以银行为代表的金融机构正在发生深刻变革，那么作为货币政策的制定和执行部门，央行货币政策的传导机制将发生怎样的变化？

曹远征：刚才提到当前银行贷款在社会融资规模中的占比只有大约一半，这意味着控制贷款规模的调节效果与以前相比大打折扣。因此，央行在2012年就提出完善市场化的间接调控机制，推进货币政策从以数量型调控为主向以价格型调控为主转型。利率将变得更为敏感。利率市场化从广义来讲，不仅包括竞争性市场利率的形成，也包括宏观利率调控机制的形成。

《债券》:利率市场化是金融改革与深化的重要内容,同时金融市场的联动性很强,利率市场化与当前汇率、人民币资本项目开放等政策之间,应是怎样一种协调关系?

曹远征:如果在资本相通的情况下,汇率与利率是平价关系,但是目前人民币资本项下有所管制,于是汇率与利率之间有差异,出现了人们所常说的“人民币对内贬值、对外升值”现象。

要解决这个问题,通常放开国际收支资本项目,让资金自由流动。但这对于发展中国家而言很困难,因为一旦放开,外资进出频繁,会对宏观经济造成扰动,甚至触发金融危机。所以资本项目开放,必须有一个先决条件,就是国内要实现利率市场化。只有利率市场化,才能出现一个品种期限完整的金融市场,尤其是品种丰富的固定收益市场,可以缓冲外部冲击。为什么在1998年的金融危机中,香港能相对平安度过,而其他许多亚洲国家和地区不能幸免于难?除了其他原因外,就是香港具有一个健全发达的资本市场,这就形成了一个缓冲池,而不是像泰国等那样外资流出流入直接冲击本币。与此同时,我们也还可以看到当时在面对冲击时,香港特区政府是通过这个资本市场进行干预操作,托住恒生股指,使得金融大鳄的股指期货做空合约难以实现,最终抵御了冲击。

《债券》:刚才您提到,中国经济可能面临的阵痛之一,是地方融资平台的债务违约风险。近日审计署也公布了对全国政府性债务的审计结果,对此您有什么看法?

曹远征：总体来说，政府债务风险是可控的。

首先，根据欧洲《马斯特里赫特条约》提出的赤字和债务标准，政府债务余额占 GDP 比重达到 60%为国际公认的“预警线”。根据审计署的数据，截至 2012 年底，全国政府负有偿还责任的债务余额与当年 GDP（518942 亿元）的比率为 36.74%。全国政府性债务各项风险指标均处于国际通常使用的控制标准参考值范围内，风险总体可控。其次，中国政府还有大量的资产，包括土地等自然资源、国有企业等，偿债能力较强。

但应当注意到，未来 3 年存在债务集中到期风险。更核心的一个问题是，有些地方政府偿债率已经超过 100%，意味着必须马上借新钱才能还旧钱，因此短期的违约风险在加大。

长期来看，化解地方政府债务风险的办法有三个。一是财税体制改革，重新界定了中央政府和地方政府财权、事权，很多跨地区的债务变为中央政府管辖的范畴，降低了地方政府的风险；二是目前要求地方政府发债需要以未来收入为担保，这样可以约束未来地方政府滥发债的行为；三是对于地方融资平台中的优质项目，可以把其转化为真正的企业债。对于剩下的部分，可能会显现一些违约风险，可采取诸如借新还旧等一些临时性措施，及时做好防范工作，为进一步重组争取时间，慢慢将问题化解掉。在这方面，我国解决过国企破产、银行剥离坏账等棘手问题，是有丰富经验的。

《债券》:在短期经济可能面临阵痛的背景下,展望2014年,您对主要经济数据是如何预测的?您认为2014年金融领域最有希望看到的重要变化是什么?

曹远征:2014年如果不发生重大意外变化,GDP增长大约在7.6%,CPI增长在3.3%左右。但应当说很可能会有重要变化,那就是政府在退出市场,这时候经济有可能会向下走。

将金融市场自身所正在经历的变革,与十八届三中全会精神所蕴含的中央政策调整相结合,可以说,2014年最有希望出现的变化是金融和实体经济的相结合,这个结合的点就在于促进经济结构调整与产业升级。相信金融市场在经历了调整的阵痛后,将成为一个更有效率的体系,能够真正配置金融资源,为实体经济服务。

(本文原载于《债券》2014年1月刊)

资本市场的内涵、功能及在中国的发展历程

王国刚

资本市场是交易和配置资本性资源的市场。其中,资本性资源可从实物面和价值面两个角度进行分析,这引致经济学不同学科学者对资本市场进行了不同的界定。主要定义有三种:一是从实物面来看,资本性资源主要由设备、技术、厂房等资本品构成,因此一些经济学家将资本市场看作是与劳动力市场、商品市场相对应的市场。二是从价值面来看,资本性资源主要表现为可供长期使用的资金,因此一些经济学家和金融学家认为资本市场是融通1年期以上资金的市场活动关系总和。三是在现实经济活动中,经济主体并不以单一的实物方式或单一的价值方式持有资本性资源,通常情形是,一部分资本性资源以价值方式持有,另一部分资本性资源以实物方式持有,因此一些经济学家认为资本市场是交易货币、债券、股票、住宅及其他形式财富的市场。

本文作者时任中国社科院金融研究所所长。

资本市场的内涵和基本构成

(一)内涵

尽管资本市场的定义因研究角度的不同而有所不同,但有一点是共识的,即资本市场总是关于资本性资源交易(从而配置)的市场。

早期金融理论认为,金融市场主要由货币市场和资本市场构成。其中,货币市场是1年期以下(包括1年期)金融产品交易的市场,资本市场则是1年期以上金融产品交易的市场。但随着金融创新的高歌猛进,20世纪90年代以后,这种按期限划分的方式遇到了严重挑战。一个突出的现象是,在金融交易中,尤其是在调期、期货、期权等交易方式产生以后,人们已经很难根据金融产品的期限来判断某一金融行为的性质。富有代表性的现象是:一个购买了10年期债券的投资者可能在1个月后将该债券卖出,而一个购买3个月期债券的投资者则可能将债券持有到偿付本息的日期,因此,单纯凭期限很难判断谁是长期投资者。

有鉴于此,联合国在1993年新修订的《国民经济核算体系(SNA)》中,对金融交易淡化了以期限作为基本分类标准的重要性。这意味着,随着金融发展,货币市场、资本市场乃至银行信贷市场等边界的严格划分都将失去实践意义。

基于以上这些变化,20世纪90年代以后,相当多西方学者已不太用“货币市场”概念,而用“资本市场”来替代金融市场,甚至将资本市场扩展到信贷市场。由此有了资本市场的宽口径和窄口径之分。但中国还是按照货币市场和资本市场的结构来理解和把握金融市场。

（二）基本构成

总的来看，资本市场由证券市场和非证券市场构成。其中，证券市场由三个层面构成：

一是基础性证券（或称原生证券）市场，包括公司债券市场、政府债券市场和股票市场。

二是证券类衍生产品市场，即由基础性证券的某些特征组合或基础性证券与其他金融工具的某些特征组合而形成的新证券市场，如基金证券、可转换债券、资产证券化产品、信用衍生产品等市场。

三是交易类衍生产品市场，即在证券交易环节由一些新交易方式所形成的交易市场，如互换市场、远期市场、期货市场和期权市场等。

非证券市场主要包括财务顾问、投资顾问、股权投资、资产管理、对冲基金、产权交易、信托计划、项目融资、融资租赁、公司并购、股权置换、资产重组和中长期信贷等金融交易活动形成的市场。

资本市场大致有四种基本载体，即证券类载体、贷款类载体、衍生类载体和实物类载体。与此相应，资本市场也可分为四类市场：第一，证券类市场，如政府债券市场、公司债市场、股票市场、基金证券市场和各种证券类衍生产品市场；第二，贷款类市场，如中长期抵押贷款市场；第三，交易衍生类市场，如证券期货市场、证券期权市场；第四，实物类市场，如企业并购市场。

资本市场的地位和功能

（一）地位

在国民经济和金融体系中，资本市场居基础性地位。这种基础性地位可从资本在经济运行中的基本功能去理解。

1. 资本是保障固定资产投资秩序的基础条件

在经济活动中,每一项固定资产投资都有最低程度的资金需求和建设工期。而且由于固定资产投资(尤其是重化工业的固定资产投资)通常具有资金投入大、建设工期长等特点,因此客观上要求有长期性资金予以保障。

长期性资金的来源主要有三:长期贷款、资本和债券。

大量运用长期贷款进行固定资产投资存在一系列严重的缺陷:首先,长期贷款通常是依工期进度按年发放的,在宏观经济运行比较协调的时期,这些贷款能够正常发放,固定资产投资不致受到影响;但在宏观紧缩时期,这些贷款的发放就比较容易受到银根收紧的影响,从而使建设工期延缓,甚至可能使前期投资面临重大损失的危险。其次,大量运用贷款进行固定资产投资,在货币乘数的作用下,货币投放量将面临放大的危险,由此很容易引发通货膨胀。再次,由于贷款资金不是用款人的自有资金,在缺乏足够净资产抵押的条件下,很容易使用款人“拿他人财产冒险”,从而使固定资产投资的效率降低,风险加大。最后,在按期偿付巨额本息的条件下,借款人很容易选择那些短期内能够获得经济效益的投资项目,由此,在投资行为短期化的推动下,“一哄而上”的现象在所难免,其结果是,不仅使经济进入短期化运行轨道,给经济发展带来严重隐患,而且令大量资金在烂尾工程中受到损失。

运用资本进行固定资产投资,有利于克服上述缺陷。首先,资本是投资者的自有资金,通常情况下资金使用不会直接受到银根紧缩的严重影响;其次,资本投资不具有货币乘数效应,同时固定资产投资规模必然受到投资者自有资金数量的限制，因此不会引发投资规模扩展过快和通货膨胀；再次，投资者必然会关心这些资金的使用效益，由此不易发生投资效率持续降低的现象；最后，资本是投资者无须还本付息的资金，同时投资者从自身利益角度出发，必然要充分审时度势地选择那些最有利于自我发展的投资项目，由此资本有利于经济运行的稳定和可持续发展。

运用中长期债券资金进行固定资产投资，也能够在一定程度上克服长期贷款的缺陷。首先，中长期债券资金通过直接融资机制获得，避免了利用银行信用所引发的派生货币创造，有利于克服通货膨胀现象发生；其次，由于中长期债券资金通常是一次性到位，有利于避免因宏观经济政策变化给固定资产建设进度带来的负面影响；最后，中长期债券资金在一定程度上具有准资本功能，能够在规定期限内缓解因流动资金不足引发的财务困难。

2. 资本是保障工商企业之间正常商业信用秩序的基础条件

在经济运行中，工商企业间的商务往来存在着大量资金借贷关系，其中，既包括先付款后供货的“预付款”，也包括先供货后付款的“应付款”。在能够如期偿还债务的条件下，企业间的正常商务往来秩序能够得到维系和持续，但一旦某些企业不能及时清偿债务甚至有意拖逃债务，就需要有一个基本的经济机制予以制约，这就是破产。所谓破产，首先指的是“破”资本性资产。只有在资本性资产不足以清偿债务的条件下，才可能发生债务无法全额清偿的现象。资本是维护商业信用的物质条件，所以在市场经济条件下，需要实行注册资本制度、资产负债表制度等。

20 世纪 90 年代初期，在中国经济运行中，企业间相互拖欠债务所形成的“三角债”现象较为严重，一个主要原因就在于，绝大多数企业严重缺乏足够的资本,以致无产可破。因此,要有效维护市场经济的正常秩序,补充(或增加)资本成为一项基础性工作。

3. 资本是保障金融信用秩序的基础条件

金融信用有三种类型,即商业信用、银行信用和市场信用。在经营活动中,各类企业都存在着借助短期贷款、公司债券、商业票据、金融租赁等金融工具从银行等金融机构或通过金融市场融入债务资金的需求。在这些场合,为了保障债务资金的偿还,借入资金的企业(债务人)一般需要将其资本性资产作为抵押资产;在缺乏足够抵押资产的条件下,则需要由拥有资本性资产的企业为债务人提供担保。

20 世纪 90 年代中期以后,中国经济运行中存在着资金相对过剩和资金相对紧缺并存的现象。一方面,银行等金融机构有着大量的相对过剩资金,存贷款金融机构在中国人民银行的超额准备金数额长年高达 1 万亿元至 2 万亿元。另一方面,相当多工商企业又苦于缺乏足够的资金来满足经营运作、技术开发、产品创新、项目投资、公司并购、资产重组等需要。这种现象严重存在的一个基础性原因是,绝大多数企业资产负债率居高不下,以致已经没有新的资本性资产可供作为获得增量债务资金的抵押品。从这个意义上说,绝大多数工商企业缺乏的不是债务资金,而是资本性资金。

从资本的上述功能可以看出,在缺乏资本机制的条件下,不仅国民经济发展将面临严重困难,经济运行和金融运行将发生严重问题,而且市场机制乃至市场经济也难以有效形成,更不用说充分发挥作用了。可以说,市场经济是以资本为产权基础的经济。

(二)基本功能

在直接关系上,资本市场是服务于资本运动(资本流动、资本交易等)

的市场。为此,资本市场的基本功能主要有四:推进资本形成、评估资本价值、优化资本配置和实现资本价值。资本市场的其他功能都是从这四个功能中派生的。

1. 推进资本形成的功能

在金融领域中,资金可分为资本性资金和债务性资金,但资金在居民或政府手中而尚未投入经济运行时,其性质并不确定。如果这些资金以存款方式存入商业银行等金融机构,它们就转化为债务性资金;如果这些资金以投资方式直接进入企业,它们就转化为资本性资金。在现代经济运行中存在着一个突出矛盾:一方面居民部门每年消费剩余的大量资金分散在个人(或家庭)手中,难以直接形成实业投资所需的资本性资金;另一方面,企业部门又需要有巨额的资本性资金以满足实业投资的需求。居民部门将消费剩余资金以存款方式存入银行等金融机构,虽能实现资金集中,却不能有效形成资本性资金;在企业严重缺乏资本性资金的条件下,银行等金融机构也难以通过贷款途径将资金充分放出。这一矛盾若不能化解,经济运行中势必发生严重的债务性资金相对过剩和资本性资金相对紧缺现象。要解决这一矛盾,就需要有一个既能够实现资金集中又能够将这些资金转化为资本性资金的机制,这一机制就是资本市场机制。在现实经济活动中,企业部门通过发行债券、股票及其他证券,在从投资者手中融入资金的同时,既实现了这些资金的集中,也实现了将这些资金转化为资本性资金的历程。

资本市场具有"推进资本形成"的功能,这并不意味着,资本只能通过证券市场才能形成。居民部门、政府部门和企业部门将资金直接投资于实业,也是形成资本的重要路径。另一方面,如果通过资本市场筹集到的资本性资金在企业运作过程中,被无效益地耗费了,则这些资金依然未能有效形成资本,因此不能认为,企业只要募集到了资本性资金就一定能够充分形成经营运作的资本。

2. 评估资本价值的功能

资本性资金进入生产经营领域之后,转化为各种生产经营要素。在现代经济中,生产经营要素主要由资本品、劳动力、技术、管理(或组织)和信息等五类资源构成。这些要素的配置状况和功能发挥状况,直接决定了资本效能的高低,由此决定了实际发挥作用的资本价值的高低。资本价值不能仅以账面价值计算,而应以其发挥作用的效能状况计算。

资本市场评估资本价值的功能主要通过证券交易中的市场机制来实现。一个突出表现是,股票价值通常不是由其面值所决定。在交易中,股票的交易价格明显高于其票面价值,而且不同上市公司的股票交易价格差别甚大。对投资者而言,股票交易价格成为其投资购股的基本价格;对上市公司而言,股票交易价格成为其配股、增发新股的主要参考依据。

资本市场通过市场机制来评估资本价值。市场机制是一只“看不见的手”,而实践中的资本价值评估又必须具体可计算,由此,20 世纪 60 年代以后,西方经济学家持续进行了深入探讨,提出了各种资本资产定价模型(CAPM)。在现实中,资本价值的评估更多选择的是资产评估方法,其中包括净资产计算法、资产折旧法、重置成本法、利润折算法、现金流量法等。

3. 优化资本配置的功能

在经济运行和发展过程中,资本配置总是在企业中发生。对企业而言,资本配置大致有三种情形:企业设立时的资本配置、企业增资中的资本配置和企业资产重组中的资本配置。

在大多数情况下，企业设立时的资本配置不直接涉及资本市场机制，它主要由投资者通过直接投资（或投资入股）来完成。但在两种情况下，企业设立时的资本配置与资本市场机制相关：一是在企业设立时，投资者考虑到在不远的将来该企业可能会运用资本市场机制来发行证券，从而按照有关法律法规的要求进行资本配置；二是公司选择发股募集资本的方式设立，由此公司设立直接就是运用资本市场机制的产物。

在企业增资过程中，资本市场的优化资本配置功能发挥着重要作用。内在机理是，相当多企业仅依靠自身积累不能满足生产经营发展对资本增长的需求，而投资者彼此分散又难以通过一对一谈判的方式来向企业提供资本，由此，利用资本市场机制，向投资者集中募集资本成为企业增资的主要选择方式。对投资者来说，既然有着诸多企业需要募集资本，各家企业的生产经营状况和发展前景又有很大差别，他们理所当然地要选择那些具有良好经营效益或发展前景的企业进行投资，由此推进了资本配置的优化。

资产重组是企业发展中经常性发生的现象。资产重组大致可分为两种情形：企业内部的资产重组和企业之间的资产重组。企业内部的资产重组，在涉及需要增加资本投入的场合，常常需要利用资本市场机制募集增量资金，由此，资本市场推进了这些企业的资本结构优化。企业之间的资产重组，常常通过股权置换、股权收购、公司合并等方式实现，在这些场合，资本市场机制发挥着积极重要的作用。

此外，资本市场还通过以下机制推进着优化资本配置的功能：一是通过引入非国有资本，推进国有企业的资本结构优化。二是通过证券交易

(尤其是股票交易),推进上市公司的资本(从而资产)结构优化。股票交易在较高程度上展示了上市公司的资本价值。由此,股票市场一方面通过股票价格涨落来迫使上市公司努力优化资本(资产)结构,提高资本效益;另一方面通过股权收购,迫使上市公司努力优化资本配置,改善经营状况。三是通过资产证券化,推进相关金融机构和工商企业的资产结构优化。在资产证券化过程中,相关金融机构和工商企业通过调整资产结构,提高了资产的流动性,降低了资产运作风险。

4. 实现资本价值的功能

投资者将资本投入企业的主要目的在于获得资本回报。资本回报的方式主要有二:一是通过利润分配获得收益,二是通过资本增值获得收益。由于企业在经营活动中面临着多种风险,投资者的投资机会也不断发生变化,同时通过利润分配获得投资收益常常需要较长的时间,由此通过出售资本投资的凭证,在转让资本未来收益的基础上获得资本增值收益,就成为投资者的重要选择。这种选择通过资本市场中的证券交易来实现。

实现资本价值并不仅仅发生在获得资本回报的场合,在投资者需要提高资本的流动性、转移投资方向和收回资本残值的场合,同样需要实现资本价值。实践中,正是因为资本市场能够有效保障资本价值的实现,所以资金供给者才敢于将现金通过投资将其转变为资本。从这个意义上说,实现资本价值的功能是推进资本形成的保障机制。

我国资本市场发展历程

我国资本市场起步较晚。中华人民共和国建立之前,在 20 世纪初,随着外国资本的进入和民族工商业的发展，以股票交易所为代表的资本市场曾在上海、天津等地一度兴起。当时的股票市场具有交易所众多、交易秩序比较混乱、交易规模狭小等特点，实际上成为投机家的乐园。1937年以后，随着抗日战争的爆发，这些股票交易所先后停业。抗日战争结束后，随着工商业的活跃，一部分股票交易所又重新开业。1949年10月，中华人民共和国成立，在50年代初，股票交易所被取消。80年代，随着以建立市场经济新体制为取向的经济改革展开，资本市场功能逐步得到政府部门的重视，由此，资本市场迈开新的发展步伐。

20世纪80年代以来，我国资本市场的发展大致可分为四个阶段：

(一)20世纪80年代初至90年代初：探索阶段

这一阶段的主要特征有四：

其一，资本市场的发展目标并不明确。虽然我国从20世纪80年代初就开始发行以国债为代表的政府债券，在80年代中期有了股票的私下交易，并在1987年以后出现股票的柜台交易，但此时的国债发行主要是为了解决中央财政收支问题，股票市场的形成也处于自发状态，不仅没有推进资本市场发展的相关政策，甚至连"资本市场"的概念都没有。

其二，计划经济体制依然占主导地位。这一时期的国债发行基本依靠行政手段，通过按照行政系统分派额度来完成发行任务；已发行的国债基本没有交易市场。股票虽然有交易市场，但发行受到行政机制的严格限制，同时交易也仅限于上海和深圳的规定范围内。

其三，品种单一且规模狭小。从品种上说，只有国债和股票。从规模上说，每年发行的国债在几十亿元左右，股票交易也仅有上海的"老八股"和深圳的"老七股"，每天的股票交易额在几十万元到几百万元之间。

其四,缺乏基本的制度规范和监管机制。在这一时期,不论是国债还是股票都没有比较符合市场机制要求的管理制度,甚至连股份有限公司的财务制度和管理制度也没有。在此背景下,当然也就谈不上对证券的发行和交易进行制度性监管。实际上,此时并无“监管”的概念。

(二)20世纪90年代初至2003年:成长阶段

1992年,邓小平同志南方讲话揭开了我国资本市场发展的篇章。这一阶段的主要特征有五:

其一,制度建设大大加强。从1992年起,我国为推进资本市场发展制定了一系列制度,1992年出台《股份有限公司规范意见》和《有限责任公司规范意见》,1993年出台《企业债券管理暂行条例》《股票发行与交易管理暂行条例》,1994年实施《公司法》,1999年实施《证券法》。同时,对财务会计制度也进行了实质性改革,从原先的资金平衡表制度改为以资产负债表为基础的财务会计制度。

其二,建立了符合中国特点的监管体制。1992年10月,中国证券监督管理委员会(简称中国证监会)设立,标志着我国证券市场的监管者到位。此后,中国证监会在保护投资者权益、规范市场、强化监管等方面采取了一系列措施,有力地推进了制度完善、信息披露、资本市场的规范发展。

其三,资本市场规模快速扩大,交易品种明显增加。国债每年的发行量从1993年的300亿元增加到数千亿元,交易方式包括现货交易、回购交易等;企业债每年的发行量从20世纪90年代初的几十亿元增加到数百亿元;金融债券的发行量每年保持在几百亿元;股票发行的年融资额可达1000多亿元,每年股票交易额达到数万亿元。在证券市场快速发展的背景下，证券投资基金也应运而生。此外，公司并购、资产重组、股权置换和股权的协议转让等也相当活跃，每年的案例达数百起之多。

其四，市场逐步从分散走向集中。从股票市场看，在1992年以后，先是上海和深圳两个证券交易所由当地政府管理划归为由中国证监会管理，其后于1998年关闭了从事法人股交易的STAQ系统、NET系统和各地先后建立的26家证券交易中心，由此使得股票市场置于中国证监会的直接监管之下。从国债市场看，1996年以前，国债市场大致可分为以证券交易所为中心的场内市场和以证券交易中心、无形市场为特征的场外市场。1996年以后，随着银行间市场的建立，国债市场被分为以商业银行等金融机构为主要交易主体的银行间市场和以证券公司等金融机构为主体的证券交易所市场，其中，前者归中国人民银行直接监管，后者由中国证监会监管。

其五，监管部门运用行政机制和政策措施直接影响资本市场运行。1992年以后，不论是国债、金融债券、企业债券还是股票都主要实行计划机制管理。其中，股票在1998年以前实行“额度管理”，1998年以后实行“家数管理”，2002年以后实行“通道制”。一旦股市上扬偏离了政府监管部门的预期目标，或者股市下落有可能引致经济社会问题发生，有关监管部门就会出台对应政策措施予以调整。由于股市走势经常受到政策因素影响，所以有“政策市”“消息市”之称。

（三）2003年10月至2013年11月：协调发展阶段

2003年《中共中央关于完善社会主义市场经济体制若干问题的决定》对发展资本市场作出了战略性决定，由此资本市场的发展进入了一个新的阶段。这一阶段的主要特征有四：

其一,资本市场的发展目标已比较清晰。“建立多层次资本市场体系,完善资本市场结构,丰富资本市场产品”已成为中国资本市场进一步发展的基本目标。

其二,资本市场的体制改革进一步深化。具有代表意义的是,监管部门2004年着手进行了证券公司挪用客户保证金、违规代客理财的清理工作,2005年5月开始着手解决不可流通股的流通问题,同时加大打击违法违规从事证券交易活动的力度。

其三,资本市场的各类创新明显加快。在产品方面,2005年不仅推出短期公司债券,出台了有关信贷资产证券化和按揭贷款证券化的制度,而且在解决上市公司股票全流通过程中推出了认股权证和股票备兑权证;在市场准入方面,扩大了保险基金投资企业债券、公司债券和股票的比例,准许商业银行创办基金管理公司,同时准许国际金融机构在中国境内发行人民币债券;在保护投资者权益方面,不仅出台了《证券投资者保护基金管理办法》等相关制度,而且依法设立“投资者保护基金公司”;在进一步推进股市产品创新方面,设立了股票指数公司,为股票指数的期货、期权等交易作准备。

其四,各监管部门充分协调配合。2004年以后,不论是解决证券公司的整合和破产问题、上市公司股票全流通问题,还是放松对商业银行设立基金管理公司的限制、提高保险公司进入证券市场的投资比例、设立投资者保护基金,人民银行、财政部、银监会、证监会、保监会、发展改革委、国有资产管理部门等各家监管机构都积极协调配合,为资本市场的改革深化和健康发展创造了有利的外部环境。

(四)2013年11月至今:全面深化改革和全面依法治市阶段

2013年11月中共中央十八届三中全会推出了《关于全面深化改革

若干重大问题的决定》（以下简称《决定》），2014 年 10 月中共中央十八届四中全会推出了《关于全面推进依法治国若干重大问题的决定》，这标志着中国资本市场发展进入了新的历史时期。迄今这一阶段已展示的主要特征有三：

其一，按照《决定》中有关充分发挥市场机制在资源配置方面的决定性作用和实行负面清单管理的精神，各监管机构认真梳理相关制度，修改相关法律、法规和部门规章，积极研究探讨资本市场的负面清单管理机制，调整各项监管机制、方法和措施，处理好政府与市场的关系，积极推进资本市场按照市场机制的内在要求和更好发挥政府作用的要求健康发展。

其二，积极探讨和完善资本市场的法治建设，明确监管部门的正面清单，加快依法治市的进程，落实各项制度和措施，建立中国特色的资本市场法制体系和法治机制。

其三，按照《决定》中关于"健全多层次资本市场体系，推进股票发行注册制改革，多渠道推动股权融资，发展并规范债券市场，提高直接融资比重"的要求，加快和完善多层次资本市场体系建设，积极发展直接金融机制和创新直接金融产品，推进中国金融体系改革和发展。

参考文献

1. 中共中央关于完善社会主义市场经济体制若干问题的决定.

2. 中共中央关于全面深化改革若干重大问题的决定.

3. 中共中央关于全面推进依法治国若干重大问题的决定.

4. 联合国，等.国民经济核算体系（1993）[M].北京：中国统计出版社，1995.

5. 斯蒂格利茨.经济学，北京：中国人民大学出版社，1997.

6. 米什金.货币金融学[M].北京:中国人民大学出版社,1998.

7. 弗兰克·J.法博齐、弗朗哥·莫迪利亚尼.资本市场:机构与工具[M].北京:经济科学出版社,1998.

8. 多恩布什,费希尔.宏观经济学[M].北京:中国人民大学出版社,1997.

9. 王国刚.资本市场导论(第二版)[M].北京:社会科学文献出版社,2014.

(本文原载于《债券》2015年5月刊)

促进中国债券市场健康发展与直接金融的成长

贾　康

当下，既定的2020年全面建成小康社会的目标，已匹配要取得“决定性成果”的全面改革任务，还要配之以全面法治化，以及执政党的全面从严治党。在以上“四个全面”的大背景下，金融作为“现代经济的核心”，必须适应现代化战略的要求。在我国金融改革、发展、深化和多样化过程中，直接融资尤其应该成为发展的重点，因为至今我国直接融资占比仍过低，不到20%。一般直接融资中，股票市场出现了一轮新的牛市，我们希望它不要变成大起大落的疯牛，能够成为慢牛——当然愿望和实际之间往往还有一些难以处理的问题，但在目前形势下首先需肯定有些亮点，同时则要注重控制相关的风险。

除股市外，债券市场作为直接融资非常重要的组成部分，对其应从正反两方面看待。首先，债券市场的健康发展作为我国总体金融改革与发展的组成部分不可或缺，应该肯定其取得的成绩。简要地讲，改革开放后，我国债券市场在举借外债方面，在国债适应市场经济发展的制度建设

本文作者系财政部财政科学研究所原所长。

和作为方面，在具有一定特色的金融债发展方面，在地方债经过这么多年的反复探索终于有了预算法法律框架的进步方面，以及在已存在多年的企业债探索方面，都有值得肯定之处。近来，方方面面的探索进一步聚焦到资产证券化和国债期货上，后者在经过十几年的中断之后又重新在市场的逻辑之下进入运行状态。

其次，在肯定这些成绩和进步的同时，我们也要看到债市仍存在一些不足，怎样进一步完善债券市场发展是不可回避的问题。因此，必须尽可能地从“问题导向”角度上把一些事情说清楚。以问题为导向，这就是需要厘清必须解决什么问题。我认为至少有以下五个问题是不可回避并且要解决的。

第一个问题：目前中国债券市场的品种不够多样化

无论是国债、金融债，还是地方债、企业债，从发展社会主义市场经济的客观要求来说，它们的种类和期限品种都还不够丰富。例如地方债，历经重重困难终于由预算法给出相关框架，而且有分类，即一般地方债和专项地方债，但是从市场经济的国际经验来说，基于这样一个粗线条的划分，实际上能形成的品种还相当单一。多年前我们在研究市场经济发展时，就注意到国际经验是在地方债层面上有较多可选择的品种，这是与实际经济不同层面需求相对应的。给我留下深刻印象的一个例子是，美国作为世界头号强国，在其经济增长强劲的纽约市，很早就有期限为 100 年的地方债。期限怎么会长达 100 年？谁能预期自己活 100 年呢？那是一种剪息债，购买者年年有收益，政府基于这种债对投资所形成的长期支撑力量，是超过我们想象的。所以，我们必须承认我国债券市场目前在品种方面的不足是实实在在的问题。

第二个问题:我国债券发行规模有较大空间,但利用不足

还是举地方债的例子,经过这么多年努力之后,今年地方债阳光化部分总体发行量仅从上一年的4000亿元提升到6000亿元。当然,现在还在解决地方债置换事宜,目前已有各1万亿元的两轮安排。相对于前些年十几万亿元的地方债来说,置换只是一个过渡,置换之后的阳光化发行应该在一段时间内越走越快,可利用空间还是相当大的。在这方面我们不能操之过急,但是也不应该在已经有清晰法律框架后仍然过于保守。我认为,在总结经验之后,中国的国债和地方债应该适应新常态的客观要求,有更大作为,把其可利用的空间充分运用起来。企业债更是这样,在直接融资市场上,千千万万企业需要资金进行创新发展,但在这方面的支持机制相当薄弱。因此,如何充分利用债券发行规模空间也是一个明显的挑战。

第三个问题:债券发行机制还存在缺陷和制约

比如地方债,虽然现在已经纳入新预算法框架,但仍然是由中央政府牵头,每个年度把全国地方债总体发行规模分配到各个省级行政区,规定省级行政区有权根据需要代市、县级地方政府发行。当然,我们首先要肯定这是立法进步,但同时也必须承认,这带有明显的"初级阶段"特点。我们可从逻辑上发问:早就确定了地方债的发行要披露地方政府的资产负债表信息,进而接受有资质机构尽可能公正的地方政府信用评级,那么希望这个信用评级解决什么问题?按现行框架,评级结果逻辑上只能影响

中国地方债形成的债券利率水平,而完全不涉及举债能力与规模。但是从已观察到的案例来看,国债与地方债本应有"金边债"与"银边债"的区别,但市场分辨不出差异,即形成的利率水平几乎一模一样。这意味着,我国的发行机制还有待进一步向成熟市场靠拢。在风险制约方面,国债和地方债还需由健全的发行机制和市场运行机制区分出不同的风险等级。

企业债方面,不得不承认"刚性兑付"问题还没有完全打破。一些企业发债之后,一旦出现风险就可能演变为"经济问题政治化",这就限制了企业债的发行空间。对应这种制约,应从长计议,努力加以化解,但解决这个机制方面的问题显然需要相应的配套改革,不是仅讨论某一个部门某一个观察点的事项就能够奏效的。

第四个问题:市场分割问题

从形式上看,我国债券市场的分割状态有悖于把整个市场作为统一市场的客观要求,市场分割问题多年来表现为如何有效连通银行间市场和证券交易所市场。最近有学者把这个问题进一步与利率市场化改革联系起来:如果债券市场连通有明显阻碍,显然不利于现在作为攻坚重大事项的中国利率市场化改革。如果能通过有效基础设施支撑和市场联盟实现市场统一,实质性地化解债券市场分割,那么就能够较充分地释放债券市场的潜力,并能助推利率市场化这种已到"临门一脚"阶段的关键性改革。

第五个问题:债券专业机构和人才队伍的培养仍有待进步

从长期发展来看,我国债券行业咨询、资产管理等机构和人才队伍的培养虽然有了很大进步,但仍存在初步、青涩的感觉。回首债券市场发展历程,相关机构和人员已经作出很大贡献,但是相对于发展需求来说,还有待加快步伐和进一步提升专业水平。

对于上述五个问题,我认为都可以在考察认定之后形成解决对策。把现实问题看清楚了,对策也就呼之欲出。解决问题特别需要各个部门、各个方面加强协调合作,大家的共识应是以改革为核心,真正攻坚克难地在改革中以创新驱动"冲破利益固化的藩篱";还要以创新应对当前"互联网+"的大潮流,同时又要有效防范风险,这是全局、根本利益之所在。对应现在风生水起的 PPP——政府和社会资本合作,债券市场和资本证券化也还有很多用武之地。此外,债券市场健康发展也特制要求法治化的配套。从我国经济、政治、行政、司法以及社会全面配套改革的大框架可以比较清楚地看到,债券市场发展客观上也是法治化的催化剂之一。

在我国金融改革中,债券市场发展总体上已经滞后,但是大势所趋,"蓄之既久,其发必速",如果我们能有所突破,那么它应该表现出超常规的发展能力,进入把发展空间充分打开的过程。我们期待未来大家共同努力,积极地去打开这个空间。

(本文原载于《债券》2015 年 8 月刊)

宏观经济与债券市场投资机会

鲁政委

对于债券市场与宏观经济之间的基本原理，说起来比较简单，大致遵照美林时钟理论，核心围绕着经济增长和通货膨胀这两大变量，但落实到具体投资操作上却并不容易。投资者在债券市场上购买债券后，既可以选择持有到期，也可以放在可售类中，但会面临市值波动，从而出现周期性的浮盈和浮亏问题，这对于那些在债券市场上交易不多、不活跃的机构来说，理解这一点尤其重要。

买债的合适时机

什么时候买债是合适的？从经济周期的角度说，在通胀最高峰的时候是最合适的。但是在这个时候买了债，往往会表现为小比例的浮亏，或者是几乎没有浮盈。因为这时通胀在往上走，可能已经快到顶部了，还在往上走。买债之后，通胀上来了，利率又上来了，那前面买的债就是浮亏

本文作者时任兴业银行首席经济学家。

的。所以对于买债后持有到期的机构来说,总是会周期性地面临债券市值的"阴晴圆缺"。比如今年浮盈,可能明年或者后年就会浮亏,这几乎无法避免。当前各类债券的收益率和利差都处在历史最低位,此时买债可能是浮盈的,但由于绝对利率水平和利差太低,未来则可能面临长时间的浮亏,所以,此时虽然可以看多债市,但在投资操作上却是很难的。

经济周期理论与宏观经济指标分析

在整个经济周期中,债券的收益率曲线和利差有什么样的变化?可以结合美林时钟理论来分析(见图1)。

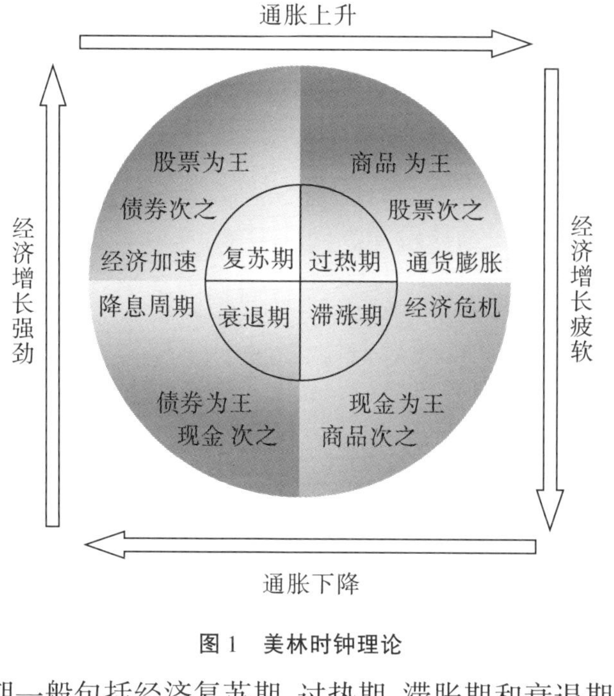

图1 美林时钟理论

经济周期一般包括经济复苏期、过热期、滞胀期和衰退期。当通胀率较高时,往往债券实际收益率比较低(实际收益率可以理解为名义利率减掉通胀率)。出现高通胀率以后,为了控制经济过热,政策当局一般会出台抑制增长的政策,会加息,短端利率提升的速度就会比较快,会被抬得很高,所以整个收益率曲线会显得比较平。当经济出现衰退时,中央银行会快速降息,短暂的利率下降会带动整个收益率曲线的陡峭化。就是说,虽然经济的基本面都非常好,但企业会感到比较难做,因为这时债券可能会面临评级调降、违约的风险,这时信用利差就扩大了。债券的一个周期性变化就大致如此。所以,对于债券市场的分析师来说,最重要的两个分析变量就是经济增长和通胀状况,其他相关指标都是在这两者的基础上衍生出来的。

经济增长与通胀之间有着密切的联系。几乎所有的经济体都是先出现经济增长加快,一直到经济增长超出正常的增速后,也就是经济学上所说的超出潜在增速后,通胀才开始上行。当控制经济过热时,经济增长速度会先下降,当经济增长速度降到低于潜在增速后,通胀才会下来。所以,无论是经济周期启动还是经济周期下落,经济增长的变化总是在通胀的前面。当物价开始回落时,整个经济周期就差不多结束了。与增长相比,物价的变化是相对靠后的,而物价的变化左右着整个收益率曲线的变化。

那么就需要分析是什么导致了经济增长?笔者认为,对于中国来说,是信用扩张导致了经济增长,或者近似地说是社会融资总量。在早期分析时,社会各界常用 M2 来分析信用扩张,但也有人认为 M1 在反映信用扩张方面似乎比 M2 更快,因为它统计的是活期存款,能够更好地体现出经济运行中交易活动的活跃程度。但随着理财,特别是开放式理财日益增多,M1 的灵敏度也开始出现明显下降。M2 本质上是存款统计,而在间接融资体系中,存款主要来自贷款的派生,因而,当贷款作为中国主要的融资方式时,以 M2 来分析信用扩张是比较可靠的。但现在贷款在整个社会融资中的比重已经显著下降,甚至低到只有 40%左右,这时 M2 的代表性就越来越弱了,所以就需要转到社会融资总量这个指标上。但笔者认为,由于社会融资总量同样具有统计涵盖分项指标不足、历史数据缺失等问题,由此使得其指示性不够强。

实际上,所有实行利率市场化的经济体最后几乎都不约而同地收敛到将利率作为最重要指标上来了。这就需要关注政策动态,包括货币政策、财政政策动态等。在西方,宏观政策几乎是货币政策的独角戏,但在我国,则尤其需要关注财政政策的出台,其往往是信用扩张的信号。

对于增长指标的选择,虽然 GDP 最有代表性,但数据发布频率低,因此月度的工业增加值可以作为月度观察经济增长的指标。在中国的 GDP 中,过去工业增加值的占比较高,近年来占比在下降,发展到 2013 年时第三产业在国民经济中的占比已经超过了第二产业,这使得在利用工业增加值对经济增长进行评估时,需要更多考虑第三产业的状况来进行微调。

此外,对于我国来说,固定资产投资和外贸指标也很重要。如果固定资产投资很旺盛,就意味着企业扩大产能的欲望很强,意味着企业预期未来经济形势会变好。同时,由于我国当前已经是全球最大贸易国,所以,外贸对于我国经济直接和间接的影响已远远超过传统外需所能够涵盖的内容。笔者通过对人民币实际有效汇率的历史数据进行分析,发现其可以系统地解释中国过去 20 多年来的荣衰。

最后说说物价,最直观的指标就是 CPI。如果观察 10 年期国债收益率与 CPI 的走势,会发现两者的走势基本一样。对于一个国家来说,不管是央行的基准利率还是公开市场操作利率,都与 CPI 有关系。从中国来看,公开市场操作利率与 CPI 的走势大体是一致的。有人说在 CPI 前面还能看什么,笔者认为可能是 PPI,它的波动比 CPI 更剧烈,因而变化也比 CPI 更为领先。

当前宏观经济形势分析

宏观经济分析离不开三驾马车:消费、投资、净出口。

从消费来看,2015 年消费增速是最近 10 年有数据以来同期最低的。如果进一步分析,就会发现现在的社会消费品增速几乎回到了 1997—2002 年(含亚洲金融危机期间)的状况。当然,社会消费品增速也包含物价的增速,需要把物价的影响剔除掉。但剔除以后发现它仍然是近 20 年有数据以来最低的。

从投资来看,自 2004 年有投资数据以来,投资增速从没有跌破 20%,而 2015 年以来,中国投资增速已经跌破 14%。其中,固定资产投资中有三部分最重要:第二产业固定资产投资占比为 40%~50%;基础设施投资约占 20%;房地产投资占 20%~25%,三者加起来约占固定资产投资的 85%。但现在除基础设施投资增速还稳定在 20%~22%以外,第二产业和房地产领域的固定资产投资增速都在持续显著下降。展望未来,要想固定资产投资增速不继续下滑,那么,给定其他条件不变,需要基础设施投资增速能够在现有基础上继续提高,而能否继续提高则取决于财政状况。从月度财政盈余的角度看,目前的财政盈余与最近几年相比都处于很低水平,地方政府的资金链很紧张。再看房地产投资,房地产资金链压力巨大。尽管政府先后调整了房地产相关政策,一些地区房价出现上涨、购买火爆等现象，但成交多集中于二手房，而一手房的成交尽管也有所增加，但房地产目前仍然是在去库存。从2014年10月开始，地产商的土地购置同比增速已呈断崖式下降。现在一些地产商已放弃房地产业投资，因为失去了对房地产投资高利润的信心。

从净出口来看，在最近两年的时间里，只要净出口对于经济的拉动不是负的，最终经济增速都要比预想的好。2015年一季度是这样，2014年最后两个季度也是这样。那么，2015年第二季度的贸易顺差将会怎么样？笔者认为不会很高，那就意味着它对经济的拉动作用会较小。因此，预计中国二季度的GDP是达不到7%的。其实，通过对比分析就比较清晰了。现在的工业增加值同比增速只有6.6%，2008年金融危机时是6.4%；2008年同期的GDP同比增速只有6.6%，但现在是7.0%，其中很重要的原因是与贸易顺差有关，贸易顺差导致了中国GDP的高估，可能也与第三产业占比略微上升有一点关系。

总之，从静态来看，中国目前的经济增长并不乐观，未来的经济增长状况，还要取决于4月30日中央政治局会议提出的稳增长措施的落实情况，特别是地方政府和企业融资困境的缓解情况。在这些措施落实之后，下半年经济增长可望企稳。但是个人认为，如果不能解决人民币实际有效汇率高估的问题，那么中国经济的下行压力就很难从根本上解除。在此状态下，忽略波段的小反复，当前债券市场总体上仍然处在牛市氛围中，但由于利率和信用利差的绝对水平偏低，加上目前我国债券市场上现货和衍生品的市场深度仍然有限，在整体上可以看多，但却很难去做多。

（本文原载于《债券》2015年6月刊）

发展市场需要调整的几个认识视角

王 平

债券市场是当代金融的有机构成之一,它与其他门类浑然一体,相融共存,相辅相成。我国正处于由传统金融向当代金融转型的过程中,而当代金融的突出特点,是在金融市场的全方位支持下追求金融资源优化配置效率的最大化。要顺利实现转型及可持续发展,就需要更加注重整体性的条件配套。仅就债券市场而孤立地解决相关难题,势必事倍功半,甚至劳而无功。市场建设目标的实现不是单一条线式的,需要有立体化的配套条件支持,而最大的难点和最需要投入的重点也正是在于条件的创建。

为此,首要的是解决认识问题,即对传统的观察和认识视角做出调整,以期建立起符合当代金融实际的认识理念,来引领实现转型目标。我认为,应做出调整并加以明确的认识视角至少包括以下三方面。

本文根据作者在"2015 中国债券发展论坛"上的讲演整理。作者时任中央国债登记结算有限责任公司副总经理。

关于金融体系的划分

传统视角是纵向条线式，按照金融服务和产品功能，将金融体系划分成银、证、保等不同条线。这种划分的合理性在于：专业分工与市场定位明确，便于管理；但缺点是：每个条线的服务与产品及管理均流于单一形式，整合不够，效率偏低。同时，当代社会财富增长迅速，需要综合便利的金融服务；产品日益复杂多样，也需要广阔的市场空间来实施有效配置和管理。这些都使得上述纵向条线划分的局限性突出。

这就需要我们调整视角，从整体看，以横向分层的视角来通盘观察，以便形成更为合理的认识和采取更为有效的措施。简要地说，可以把金融体系分成三层：

第一层是服务层，指面向社会与经济直接提供金融服务的所有金融机构，最好是混业经营，从而实现真正的以客户为中心。

第二层是支持层，指金融基础设施提供者和其他中介机构，包括金融产品的登记、交易、结算、评级、信用、信息、会计及法律事务支持等，保证金融市场运行安全、有效及公允性和透明度。

第三层是保障层，指中央银行和金融监管部门等，以国家力量为金融稳定和金融消费者权益提供保障。

上述横向分层的理念并非全新视角，现代金融机构内部业务运行即以前、中、后台横向分设，实践证明是合理有效的。

采取横向分层的视角，有什么好处呢？首先是有利于同类功能整合，资源利用合理，效能发挥充分。其次是有利于降低金融运行的摩擦系数和减少低端不良竞争。再次是有利于基础设施的规范建设和健康运行，破除金融市场中的中介机构、参与者和产品间的分割屏障,在降低成本的同时,提升市场安全性、效率与开放程度。这样,金融运行的环境与条件可得到大幅改善,对金融服务与产品的管理能力可明显提高。

关于流动资产的范围

在传统观念和做法上,标准化金融产品可以流动,而诸多种类的非标准化产品是不流动的。

党的十八届三中全会提出金融改革的目标是提高金融资源的配置效率,这符合当代金融的发展趋势。具体从微观上看,金融资产管理的努力方向是保持流动性、安全性和收益性在较高水平上的均衡。而流动性是关键,没有流动性就无法动态配置资源,风险难以分散。高水平的交易能力是博取收益的重要手段,比单纯持有要主动和可靠。

因此,需要明确所有金融资源都要有流动性的理念,并从配套基础工作扎实做起,稳步实施。

关于定价机制的探讨

金融产品流动的核心问题是定价,这是市场主体面临的主要挑战。从完善条件与环境的角度,应该考虑建立合理有效的定价机制。

机制的影响作用是更加全面、深刻和久远的。金融危机后,大家反思认识到美国次贷等有毒资产价格被长期高估,这有多方面的原因,而一个直接原因是定价机制存在缺陷。这里面有着深刻的根源。当代金融日益严重的信息不对称存在于委托人(金融机构的股东与客户)和代理人(金融机构经理层)之间,并构成重大的道德风险隐患。这集中体现在资产的定价与估值上，对当期业绩影响最大且专业性很强，致使委托人难以对合理性做出明确判断。会计所或评级机构给出的公开意见一般是阶段性的，也难以做到足够精准。代理人天然掌管这一权力，且收益与当期业绩联系紧密，客观上有隐瞒风险或损失和放大业绩的动机与条件。在不发生无法承受的压力时，一般可在持续经营中得到化解，若相反，比如出现流动性中断，风险一旦暴露，委托人就将遭受重大损失。

为克服或者说最大限度降低这种信息不对称性，就需要引入第三方估值机制。在这个机制中，第三方估值机构不受利益左右，只对估值质量负责，并随时处于各相关方从不同的利益诉求角度的监督之下。对于委托人来说，得到了与代理人对话或质询的依据，心中有了底，同时便利了外部监管。对于代理人来说，其受托管理资产的公允性和透明度有了很大改善，更易得到委托人的信任，以获得更多资本金和客户，而且可提高内部管理的有效性，促进理性化。对于会计、审计及评级制度是一个深化和细化，信息可以互补互用、相互印证，从而在保护投资人及稳定金融市场方面发挥更为有效的作用。

结语

转变观察和认识视角是从传统金融向当代金融转型的起点，这里提出的三个角度并不全面，也不够深入，但希望能有所启发和引起关注。债市发展一路过来遇到种种难题和障碍，也在不断就事论事地加以克服，但效果通常是事倍功半，现在应是以治本为目标开始做些深层次分析的时候了。只有认清根源病因，才可能有针对性地采取改革措施加以纠正，避免在一块石头上被反复绊倒。建立适应当代金融实际需要的体制机制框架应是金融改革的方向,这将考验我们的勇气和智慧,其中配套的环境与条件建设应作为重中之重。

(本文原载于《债券》2015 年 6 月刊)

底线思维　等待破局

陆挺　张晶

当前中国宏观经济的主要矛盾

（一）经济转型在攻坚期，经济需求不足

中国经济自上一轮大规模刺激之后，资本回报率逐渐下行，自2012年开始，经济面临严重的去产能去杠杆压力。时至今日，周期性行业去产能去杠杆的压力尚未释放完毕，过剩产能出清仍处于攻坚阶段。

在转变经济发展方式的背景下，地方官员的考核机制还没有明确的界定。在过去很长一段时间，官员晋升都曾倚重GDP政绩，在经过多年高耗能粗放式的增长之后，随着社会对于地方政府债务问题、环境问题的担忧增加，这些因素也逐渐成为增长之外的一些考量。面对目前的债务负担和污染问题，某些地方政府可能会存在“做多错多”的心理，因此这种“无为而治”可能也是投资增速下降的一个重要影响因素。

今年地产3·30新政以来，一线城市房价回暖曾一度拉动投资端数

本文作者陆挺时任华泰证券研究所所长；张晶，华泰证券研究所。

据回升,然而自7月开始,房地产开发投资增速开始趋缓,8月投资当月同比开始转负,9月也延续负值。实际上房地产业去库存仍然路漫漫。今年9月末,全国商品房待售面积相比2012年同期增长了104%,即过去三年间,全国楼市库存已翻倍。同时房地产市场的区域分化严重,部分二线城市及三四线城市的商品房库存更为严重,如大连、沈阳等二线城市的去化周期已超过20个月。随着销售的降温,商品房去库存周期将进一步拉长,这也会导致开工的持续负增长。

近年来,由于人工成本上升,不少世界大型企业已将外包服务从中国撤离,中国的低端制造业面临向东南亚、墨西哥等地转移的局面。自2009年金融海啸以来,尽管基本面逐渐走弱,但人民币一路坚挺,人民币对一篮子货币升值了近30%,尤其是在过去短短一年内升值了14%,已显著抑制了我国出口的增长。国内经济结构调整,投资增速下降,出口不振,也将制造业带入一个更低的景气周期之中,整个制造业的利润增速已经从过去的约15%下降到目前的5%,尤其是设备制造与汽车制造业的利润在不断下滑,目前利润增速已为负值。

(二)微观活力不足

1. 传统产业衰退,新兴产业体量不够,整体需求不足

一方面,传统产业的市场需求不足,产品销售不畅,传统周期性行业产能过剩严重。尽管经过了3年的调整期,但传统制造业、大宗商品等周期性行业仍未迎来供需关系的拐点。另一方面,新兴产业虽然近年来被提到了国家战略的高度,投入加大、产值快速增长,但目前其在国民经济中的体量总体还不够(战略性新兴产业在GDP中的比重不足8%)。大部分新兴产业在市场占有、出口、就业、技术成熟、需求、效益、增长性等方面尚未形成鲜明的特征。

2. 中小企业融资成本仍偏高，企业税负仍偏重

从2014年开始，债券市场长短端利率、商业银行的同业拆借利率，以及加权贷款利率均开始下行，但是不同类型企业之间的融资成本仍有显著差异。中小企业融资成本仍偏高，融资渠道较少；民间贷款利率与担保费率依旧居高难下。另外，中国的宏观税负偏高，企业税负偏重。

3. 金融业面临资产荒

一方面，国内企业利润下降、违约风险增加，资产质量下降，"标准化"产品供给不足，"非标准化"产品风险难以厘清；利率市场化的最后一步在形式上已经走完，商业银行负债端成本可能居高难下，商业银行面临利差收窄、利润压缩的局面。而另一方面，我国货币环境相对偏宽裕，M2同比增速仍然维持在13%以上，M2/GDP的值还在不断上升，目前已超过190%，即接近2倍。所以在流动性宽裕的环境下，"资产荒"就会对金融机构形成更大的配置压力，资金逐利性或使得金融机构风险偏好被迫增加，进而导致未来的潜在风险增加。

（三）经济尾部风险增加

一些低效率的政府投资可能会不断挤出高效率的私人投资，也使得债务负担不断增加。这种模式已难以为继，但经济结构转型又非一蹴而就，市场出清的速度也受制于改革的速度。中国经济的尾部风险在增加。

一方面，中国商业银行的不良贷款不断上升，截至2015年二季度末，中国商业银行不良贷款余额为1.09万亿元，同比增长57.2%，不良贷款率为1.5%，日趋接近银行业风险2%的警戒线。另一方面，中国信用债市场上的"刚兑"神话始终未实质性打破，同一个发行主体在海内外的发债利率差异不断扩大，甚至有2倍之巨。但在经济下行背景下，近期陆续发生的信用事件并非孤立现象，前期积累的风险被不断延后，一旦链条断裂引

爆信用风险,可能将对资本市场和经济形成冲击。

从汇率层面看,在央行的干预下,短期内人民币贬值预期和资本外流压力已减缓。但资本市场往往反映的是对经济前景的预期,在长期趋势中难免不断有干扰项出现。目前,就是资金在选择过程中的一次反思和博弈——2008 年后,新兴市场是否会随着国际格局的动荡而重新“洗牌”?中国的相对优势是否会就此终结?这些问题可能会反复出现并干扰市场情绪。人民币汇率会否再度被冲击,不仅取决于国际环境给中国留出的时间与空间,更取决于中国深化改革的进程。

中国宏观经济的发展优势及改革趋势

(一)经济总量大,目前经济增速与潜在经济增速基本吻合,就业压力不大

毫无疑问,全球各新兴经济体各自面临着结构性问题,如政治制度缺陷较突出,债务结构失衡是普遍现象,产品存在同质化缺乏竞争优势,需要进一步提高技术水平和人力资本积累。但是毋庸置疑,新兴市场同时也是全球资产配置中更有增长潜力的市场群体。特别是中国,整个政治体制、金融体制与市场结构在新兴市场中是相对最完善的,且经济总量巨大。世界第二的经济大国,非小国政治与经济体系所能类比。由于劳动年龄人口下降,储蓄率下降,资本积累速度下降,全要素生产率对 GDP 增速的贡献下降,中国潜在经济增速处于下降过程中。但目前经济增速与潜在经济增速基本吻合,就业压力不大。

（二）消费转型有天然的基础

1. 人均GDP水平夯实消费基础

中国人口总量庞大，2014年人均GDP已超过7000美元，经济结构向着消费社会转型具有天然基础。十多年来，中国的城乡居民可支配收入实际增速一直维持在6.5%以上的高水平，收入水平的持续提高将驱动居民消费结构升级。同时，中国资本劳动比不断上升，未来收入分配结构将向着有利于居民的方向发展。可以预见，今后在居民消费结构中，食品、衣着、家庭设备用品、居住等在消费支出中的占比将下降，交通通信、医疗保健、教育文化娱乐的占比有望上升。

2. 人口总量、年龄结构形成特定消费特征

当前中国的人口结构已出现了老龄化特征，且总和生育率仅为1.4，远低于实现人口平稳增长更替的2.1，非常接近国际上公认的1.3这一"低生育率陷阱"。因此十八届五中全会出台了生育二胎的政策。婴儿的出生意味着奶粉、玩具、服装、教育、医疗等消费需求增加；老年人口的增加意味着医疗、旅游、保健品、养老产业等的需求将增加。"哑铃型"的人口年龄结构变迁将带给中国不一样的消费特征与机会。

3. 城乡二元结构形成消费升级空间

在二元经济结构下，我国农村居民的消费需求明显低于城市居民的消费需求。尽管城乡收入差距仍在扩大，但就增长速度而言，近年来农村居民人均收入增长快于城镇，农村居民人均收入水平在总量上仍有明显提高。此外，未来随着农村在基础设施建设、义务教育、基本医疗服务、社会保障等社会事业方面的改善，农村消费升级前景也将十分显著，如耐用品消费的更新换代，家用汽车的逐渐普及，农村居民消费开始向旅游、娱乐等领域扩张也值得期待。

4. 互联网蓬勃发展带来消费趋势新方向

网络时代的到来,使人们的信息交流方式和消费行为模式都发生了颠覆性的变化。互联网+、工业4.0、人工智能、大数据等正在改变社会生活。如今,网上销售正在逐渐部分取代线下销售。2015年网上零售额一直保持30%以上的高速增长,网上购物正成为人们生活中很重要的一部分。科技进步改变了人类生产和生活方式,这种产品供给的改变犹如"破坏式的创新",使人类的工作生活更加高效率、便捷化,相关的产业也会进入高速增长期,从而带动经济社会的发展。

5. 基础设施建设的完善为消费升级与转型提供基础

改革开放三十多年来我国在基础设施建设上的成就,有助于未来消费进一步升级和转型。交通、通信工具的建设与普及是城市化的一种表征,这种承载媒介的推广使城市的生活方式、消费习惯得以迅速传递到更广的范围,也为人口的自由流动提供了更为便捷的工具。同时,基础设施的完善也是电子商务发展的基础。经济高速增长导致的消费社会形成,不仅需要收入的增加,也需要一个普及率广泛的媒介——通过大众传播将有关城市生活的知识、信息向全社会扩散。消费升级的表现特征,将从家用电器类耐用消费品的更替率增加转向汽车消费的升级;从周边旅游、基础服务类的消费需求向海外旅游及高端服务类的消费逐渐转型。

(三)拥有改革的决心及战略部署的优势

本届政府的改革决心十分坚定,"调结构"的纲领也非常清晰,即通过市场化方向的深度改革和对过去增长模式的逐步转变,来达到生产效率的提升和经济增长引擎的重构。尽管仍然有"稳增长"的诉求,但"稳增长"更多是防范系统性风险,平抑经济的过度波动,维持经济增速在潜在增速附近,不产生过大的失业压力。由此推出的扶植性经济政策也是结构性、局部的，对于经济总量可以形成向上支撑，但程度有限。比如今年前9个月全国一般公共预算支出比上年同期增长16.4%，比去年同期进度加快2.7个百分点。而具体来看，在与基建相关的支出中，重点在城乡社区、农林水支出、节能环保、交通运输等领域的支出有大幅增长。

目前金融体系改革初见成效，货币政策新框架的构建颇有章法：以货币市场、债券市场为代表的市场利率已经明显下降，央行"利率走廊"调控模式已有明确效果，金融体系已经从2012年、2013年与地方融资平台、房地产业务的捆绑风险中逐步抽身。政策性金融工具发挥了巨大作用，国开行的国家信用背书以及负债的流动性已经被国内市场认可。这可以为未来地方政府债务置换、专项金融债的发行，以及类似棚改资产证券化等一系列创新型融资手段提供良好的解决平台，央行也在从更高层面上为资产证券化的合理定价提供基础。

"一带一路"倡议涉及亚欧非65个国家（含中国）44亿人口，其战略周边国家的基础设施普遍较为薄弱，未来中国的产能输出效应将逐渐显现。而"一带一路"倡议也将为中国的制造业升级、贸易结构改善提供良好基础。同时，"一带一路"周边国家之间的资源禀赋和产业结构具有巨大互补性。丝路基金、亚投行等顺利建立，已为这一战略的推行建立了良好的开端。

未来，随着深化改革的推进，某些重要领域将释放出新的活力，提高生产率：随着国企改革的进一步深入，行业准入"天花板"被逐个打破，由此将带来巨大的增长空间；财税体制改革过程中所引发的地方增长新活力也值得期待；生态环境保护已上升到基本国策的高度，环保产业发展势必加快，也将形成技术性突破与产业空间。

对宏观经济和债券市场的基本判断

(一)对经济中短期的判断

为发挥财政对稳增长的支撑作用,财政部采取了一系列措施,包括设立1800亿元的PPP模式融资支持基金,加大对重点建设项目的资金支持等。此外,还有购车税收优惠与新能源汽车相关优惠政策,以及住房按揭便利政策。这些强有力的措施无疑会对未来几个季度的经济发挥一定提振作用,改善各项经济数据的环比增速,进而也会对市场预期形成影响。

1. 工业与投资

工业增加值与固定资产投资犹如镜子的两面,倒映着生产与扩大投资两大方向。实体经济增速下行,大宗商品价格屡破底线,尤其是2015年三季度以来,在各行业工业增加值增速放缓的背景下,上下游行业仍然呈现出分化加剧的局面。这其中部分反映了经济结构转型带来的变化。尽管一些工业原料(水泥等)的月度环比跌幅在收窄,但预计短期内需求疲弱的趋势不会有很大逆转,各层面信息都不支持明年二季度以前工业增加值会有显著回暖。预计2016年工业增加值的同比增速在4%~6%的区间里波动。

2015年以来,我国固定资产投资从年初累计同比增速14%逐步滑落,直至三季度累计同比增速降至10.3%。这是经济结构调整以及整体经济下台阶所带来的变化。预计2016年固定资产投资增速将呈先降后升的趋势,但带动其回升的主要因素可能不是实体经济的投资需求回暖,而是由于2015年相对较低的基数。

2. 制造业与出口

制造业总体产值从年初至今略微放缓，电气机械、计算机和电子设备、纺织业始终维持较高增速，新兴产业发展较快；但由于销售积压等原因，子行业中的汽车制造业在7月份一度出现了当月同比负增长。

今年的进出口数据远逊于往年。影响出口的核心要素可以分为外部需求和我国出口制造业竞争力两部分。中国制造业的升级关键在于突破技术瓶颈，因而还有待时日；就中短期而言，外需的相对改善可能是更主要的影响因素：欧美经济缓慢恢复，以及“一带一路”倡议下形成的新出口需求。进口的弱势将会继续延续，但预计2016年进口同比增速的收缩幅度将趋缓，之后进口会随着经济的企稳出现好转。

3. 消费与通胀

预计2016年中国经济增速仍将放缓，需求依然疲软，货币政策会保持“适度宽松”，因此，通胀水平仍然会维持在低位，不会有大的反弹。造成2015年CPI涨幅低于2%的一个重要原因是能源价格的同比下跌，由于未来能源价格进一步下跌的空间在缩小，加之2015年低基数因素，2016年能源的同比跌幅会收窄。预计2016年CPI涨幅在1.8%~2.0%，略高于2015年。

从消费来看，高端消费降温的影响在逐渐递减，餐饮消费收入会对消费增速形成一定支撑；在偏宽松的货币环境下，利率降低也会对耐用品消费形成一定促进作用。同时，物价略升也会抬高消费的名义增速。不过考虑基数因素，预计明年消费增速与今年基本一致。

（二）对债券市场风险与机会的判断

1. 短期的风险与机会

风险：前期市场的风险偏好下降，而货币政策会支持流动性短期充裕,后续降息降准尽管仍有空间,但边际效应会减弱;利率市场化仍对商业银行的负债成本有影响,长端国债以10年期国债为例,其收益率跌破3%之后必然面临纠结;同时,经济下行风险较大,对信用市场的"保护"暂难打破,信用利差短期也难以提升。

机会:相比收益率曲线长端,短端收益率仍有下行空间;由于地方债在进行置换,部分城投债将来可能会逐步变成准利率债。目前性价比较高的可能是部分中部地区三线城市的城投债。

2. 中长期的风险与机会

风险:当前财政支出加大,由政策发力所带来的经济环比数据的改善可能会对债市有所影响。此外,若IPO重启也将影响债券市场。而首先受到影响的,可能是当前受青睐、流动性最好的品种,如短端利率债和短融。此外,信用债的风险被不断延后,这就意味着后期累积的风险可能会更大,过去一年的信用利差收窄状态将不可持续。由于同一个发行主体在海内外的发债利率差异不断扩大,不排除未来有双方向中间收益率回归的过程。

机会:一是经济增速下台阶,企业边际投资回报下降,长债利率中枢下移,10年期国债收益率可能较长时间停留在3%以内;二是若人民币汇率未来再出现贬值压力,可能会再度带来部分时间段无风险收益率整体下行的机会;三是信用债超调之后可带来行业性、结构性机会。

(本文原载于《债券》2015年11月刊)

交易对手信用风险资本计量：原理、演进和影响

王胜邦

20世纪90年代以来，随着场外衍生品市场的快速扩张，交易对手信用风险（Counterparty Credit Risk，CCR）逐步成为欧美大型金融机构面临的主要风险之一。著名的信孚银行、长期资本管理公司和安然的失败均与CCR管理不善密切相关。为此，2006年6月巴塞尔委员会发布的《统一资本计量和资本的国际协议：修订框架》（以下简称巴塞尔Ⅱ）首次明确将交易对手信用风险纳入商业银行资本监管框架，并提出了现期暴露法（Current Exposure Method，CEM）、标准方法（Standardized Method，SM）和内部模型法（Internal Model Method，IMM）等三种CCR资本计算方法。2007年以来的全球金融危机期间，场外衍生品市场遭受重创，许多大型金融机构损失惨重。为此，2010年底巴塞尔委员会发布《巴塞尔Ⅲ：增强银行体系稳健性的全球监管框架》（以下简称"巴塞尔Ⅲ"）提高CCR资本要求。为进一步解决CCR资本监管框架的缺陷，2014年3月巴塞尔委员会发布了《交易对手信用风险暴露计量的标准法》（Standardized

本文作者时任中国银监会国际部副主任、巴塞尔委员会政策制定工作组成员。

Approach for Measuring Counterparty Credit Risk Exposures，以下简称 SA-CCR)，以取代巴塞尔Ⅱ框架下的 CEM 和 SM，并将其作为 IMM 下 CCR 资本要求底线的计量基础。可见，SA-CCR 成为未来 CCR 资本监管框架的支撑。

本文将对 CCR 资本计量方法演进历史进行全面回顾和整理，并重点讨论 SA-CCR 的主要特点和影响。

CCR 的概念和计量原理

（一）CCR 的概念

交易性工具通常仅存在短期价格波动导致的市场风险，但“购买和持有”的衍生品交易组合还存在着由市场风险因子驱动的随机信用风险，其源于持有期内交易对手信用状况的变化。CCR 通常是指在最终清算交易现金流前交易对手违约导致的风险；当交易一方违约时，若银行与该交易对手的交易或交易组合具有正的经济价值（未实现收益、浮盈），银行将遭受经济损失。传统信贷业务的信用风险是单向的，只有贷款银行才有信用风险，借款人不存在信用风险；与此不同，CCR 通常是双向的，对交易双方中的任何一方来说，交易合约的市场价值都可能为正值或负值，且在交易存续期内随着基础市场因子的变动而波动，在现金流最终清算前交易双方均可能遭受交易对手违约，使得未实现收益无法实现。

值得注意的是，并非所有衍生品的 CCR 都是双向的，如期权交易中，只有买方才有 CCR，卖方不存在 CCR。另外，对于在交易所集中交易和清算的衍生品交易，由于逐日盯市估值，并且清算机构基于相应的收益或损失逐日调整保证金（Margin），CCR 几乎可以忽略。因此 CCR 主要源于场外衍生品交易(OTC Derivatives)。

最近这场全球金融危机以来,CCR 的概念有所扩大,不仅指交易对手违约给另一方带来的损失,而且包括交易对手信用状况恶化(如评级降低)导致交易合约估值下降给另一方带来的损失,即所谓的信用估值调整(Credit Valuation Adjustment,CVA)损失。

(二)CCR 的计量原理

如前文所述,由于 CCR 风险暴露(Exposure at Default,EAD)受利率、汇率和商品价格等市场因子所驱动,市场因子不仅变化频率高,且未来走势难以预测,因此估计 EAD 是计量 CCR 的关键。虽然所有衍生品交易都有名义本金(Nominal Amount),但直接使用名义本金作为 EAD 不符合衍生品交易的经济实质,因为交易双方无须交换名义本金,只需交换该衍生品合约的经济价值;况且衍生品交易中通常都有净额结算(Netting)、交换抵押品和保证金等风险缓释安排,交易双方实际承担的风险暴露要远远小于衍生品交易的名义本金。如 2013 年底全球场外衍生品合约的名义本金高达 710 万亿美元,市场价值 19 万亿美元,考虑净额结算后总信用暴露仅 3 万亿美元。

1. 单笔衍生品交易 EAD 的计量

单笔衍生品交易在计量日的 EAD 就是该笔交易的未实现收益(若市值为正)或零(若市值为负);然而,对于面向未来的资本监管而言,仅考虑当前风险暴露(Current Exposure,CE)是远远不够的,商业银行必须考虑市场因子变动导致风险暴露上升的情形,核心是计量衍生品交易的潜在风险暴露(Potential Future Exposure,PFE)。统计上,PFE 为既定置信水平下交易存续期内所有时点正风险暴露的上限,通过模拟到期日前所有时点该交易潜在价值的分布可以估计 PFE。因此,特定时点上单笔衍生品交易的 EAD 应为 CE 与 PFE 之和。

单笔衍生品交易的 EAD 主要取决于两个因素:市场因子的未来演进路径、交易存续期内现金流的时间分布。这两个因素对交易存续期内 EAD 的时间分布产生两种相互抵消的效应,一是扩散效应(Diffusion Effect);二是摊还效应(Amortizing Effect)。所谓的扩散效应是指在衍生品最终清算前,由于市场因子走势的不确定性,未来时点越远,该时点潜在风险暴露就越大。摊还效应是指随着时间推移,未来时点上交易对手对银行潜在负债越来越少,风险暴露呈逐渐下降趋势。对于利率互换合约,交易双方通常每个季度交换现金流,存在摊还效应,EAD 前升后降,大约在合约剩余期限的 1/3 与 1/2 之间 EAD 达到峰值。对于远期外汇产品,通常在到期日交易双方一次性交换货币,不存在摊还效应,因此 EAD 在存续期内呈持续上升态势。

2. 单个交易对手 EAD 的计量

若银行与单个交易对手同时开展多笔衍生品交易,不同衍生品交易的价值受不同的市场因子驱动,可能为正值或负值,为此交易双方通常签署净额结算协议,以缓释交易对手违约的风险,如 ISDA 净额结算协议和国内的 NAFMII 协议等。根据净额结算协议,若交易一方违约,双方可以将所有衍生品交易加在一起,以净额为基础进行清算。若交易双方未签署净额结算协议,需对衍生品交易逐笔清算,银行面临的交易对手风险将明显上升,并且要付出相当的诉讼和时间成本。

3. 衍生品交易组合 EAD 的计量

大量从事衍生品交易的商业银行通常将所有衍生品交易汇总到一个核心风险暴露系统,在组合层面利用蒙特卡洛模拟等技术计量衍生品交易组合风险暴露。组合层面的风险暴露计量除考虑上述单笔衍生品交易的结构特征、与客户签署的净额结算协议和抵押品协议（CSA）之外，还需考虑不同风险因子之间的相关性、组合的分散化效应、组合的期限结构及其变化等。组合层面的风险暴露计量可用于客户层面的集中度分析、限额管理、经济资本计算、绩效考核等。

4. 错向风险的计量

错向风险（Wrong Way Risk）是指交易对手违约概率（PD）与 EAD 之间的正相关性，即随着 EAD 的增加，交易对手违约概率上升。错向风险又分为一般错向风险（General Wrong Way Risk）和特定错向风险（Specific Wrong Way Risk）。一般错向风险是指 PD 与一般市场风险因子之间的正相关性；特定错向风险是指由衍生品交易特征导致的 PD 与 EAD 之间的正相关性。近年来随着金融市场波动性的扩大以及衍生品交易结构的日趋复杂化，EAD 短期内可能迅速膨胀，加大了交易对手债务负担，恶化了其履约能力，PD 与 EAD 之间呈现出较高的正相关性。巴塞尔Ⅱ已注意到错向风险，但考虑到错向风险计量的复杂性，仅原则性要求建立必要的程序识别和控制错向风险，尤其是特定错向风险。

巴塞尔Ⅱ框架下 CCR 资本计量方法分析

巴塞尔Ⅱ框架下，商业银行可以采用 CEM、SM 和 IMM 计算交易对手信用风险暴露，三种方法的复杂程度依次上升。使用 IMM 的银行必须达到巴塞尔Ⅱ规定的要求，并获得监管当局的事前批准。

（一）CEM 分析

CEM 下，EAD 为当前风险暴露与潜在风险暴露之和，公式为：

EAD = RC + Add-on

RC 为按盯市价值计算的重置成本（Replacement Cost）与 0 之间的较大者，代表当前风险暴露；Addon 为反映潜在风险暴露的附加因子，等于衍生品的名义本金乘以相应的附加系数。巴塞尔Ⅱ将衍生产品分为利率、汇率和黄金、股权、黄金以外的贵金属、其他商品等五类，并按照剩余期限划分为 1 年以内、1—5 年、5 年以上三个时段，分别确定不同的附加系数。

CEM 的优点是简单，并且同时考虑了当前风险暴露和市场风险因子驱动的潜在风险暴露，符合审慎资本监管的基本原则。但其局限性非常明显：一是未考虑衍生品交易的保证金安排，未区分有保证金的交易和没有保证金交易（Margined and Unmargined Derivative Transaction），而保证金是降低衍生品交易风险的重要手段之一；二是该方法对净额结算的处理过于简单（仅在非常严格条件下认可双边净额结算安排），未有效反映衍生品头寸间的实质相关性；三是最近的全球经济危机表明，当时确定的各类衍生品附加系数未能充分捕捉危机时期的市场风险因子波动。

（二）SM 分析

SM 框架下，EAD 的计算公式可简化表述为：

$$EAD=1.4\times\max[(CMV-CMC);(RPT-RPC)\times CCF]$$

“CMV-CMC”是衍生品交易当前市场价值与抵押品当前市场价值的差；“RPT-RPC”为衍生品交易未来风险头寸与抵押品未来头寸的差，CCF 为信用转换系数，巴塞尔Ⅱ按照衍生品交易基础工具的类型分别确定了信用转换系数。

与 CEM 相比，SM 的风险敏感性有所增强，特别是将衍生品交易和抵押品未来头寸计算建立于抵消组合（Hedging Set）概念之上，银行需事前确定抵消组合的概念和数量，这有助于在组合层面识别交易对手信用风险。但是，与 CEM 相似，SM 也未区分有保证金的交易和没有保证金交易；该方法最大缺陷是 EAD 被定义为当前风险暴露与潜在风险暴露中的较大者，也就是说，监管资本要求仅覆盖当前风险暴露或潜在风险暴露，未同时覆盖两者，不符合衍生品交易风险暴露时间分布的内在特征。

（三）IMM 分析

IMM 框架下，商业银行可以采用内部风险计量模型（如蒙特卡洛模拟）估计 EAD。计算逻辑如下：

$$EAD = \alpha \times EffectiveEPE$$

$$EffectiveEPE = \sum_{k=1}^{min(1year,maturity)} EffectiveEE_{tk} \times \Delta t_k$$

EE（*Expected Exposure*，预期暴露）为净额结算组合在存续期内未来每个计量日各种可能的当前风险暴露的均值；*Effective EE*（有效预期暴露）是从交易开始到计量日的时间区间内每个计量日 EE 的最大值。*Effective EPE*（*Effective Expected Positive Exposure*，有效预期正暴露）是每个计量日 *Effective EE* 的加权平均值，权重为当前计量日与上个计量日之间的时间区间占净额结算组合存续期的比重。α 标准值为 1.4，银行也可以使用内部估计值，但不得低于 1.2。

IMM 显著提高资本要求的风险敏感性，涉及大量复杂的运算，要同时考虑单笔衍生品交易的结构（风险驱动因子及其走势、保证金安排、抵押品、期限、现金流分布等）以及衍生品组合特征（不同风险因子之间的相关性、组合集中度等）。为保证资本计量的审慎性，巴塞尔Ⅱ对采用 IMM 的银行提出了一系列合规性要求，涵盖模型验证、CCR 管理政策和流程、使用测试、压力测试、建模过程的稳健性等许多方面。

IMM 为银行改进 CCR 计量和管理提供了激励。为减少资本要求，大多数欧美大型金融机构都采用 IMM 来计算 CCR 资本要求。2012 年底，巴克莱银行 CCR 的 EAD 总额为 573 亿英镑,采用 IMM 计量 EAD 占比高达 95.6%。渣打银行衍生产品交易名义本金高达 4.2 万亿美元,净额结算后的当前风险暴露为 420 亿美元,但相应的资本要求仅 11 亿美元。相对于债券、股票、外汇买卖等基础性交易工具,由于绝大多数衍生品交易工具都是定制式场外交易工具,产品标准化程度低、市场透明度差,并且缺乏连续交易数据,风险计量模型的开发和验证均面临较大的技术障碍,一定程度上降低了模型的可信度,同时也为银行利用风险模型实施监管套利提供了空间。

巴塞尔Ⅲ对 CCR 资本计量方法的改进及其影响

金融危机是金融监管规则的试金石。2007 年以来的这场全球金融危机表明,巴塞尔Ⅱ框架下的 CCR 资本监管规则存在明显的漏洞。基于危机的教训,巴塞尔Ⅲ调整了 CCR 资本监管框架,增强资本捕捉风险的能力,同时对 CCR 计量和管理提出更加审慎的监管要求。

(一)CCR 资本监管规则调整要点

1. 将信用估值调整损失(CVA Loss)纳入 CCR 资本监管框架

如前文所述,巴塞尔Ⅱ框架下 CCR 资本要求仅针对交易对手违约可能导致的损失。但是,最近这场金融危机期间,衍生品交易业务的全部损失中约 2/3 源于交易工具盯市价值的损失(Mark to Market Loss),只有 1/3 左右的损失是由交易对手违约造成的。因此,巴塞尔Ⅲ规定,商业银行 CCR 资本要求为信用估值调整资本要求与交易对手违约风险资本要求之和。理论上,CVA 等于无对手风险情形下衍生品价值与有对手风险情形下衍生品价值之差;可以近似地理解为衍生品交易业务存续期内的预期损失。对于传统信贷业务，会计规则允许商业银行计提贷款损失准备来覆盖预期损失，资本仅用于吸收非预期损失；但对于衍生品交易业务，虽然也存在信用风险，但不允许计提损失准备，对 CVA 提出资本要求，相当于资本同时覆盖衍生品交易业务的预期损失和非预期损失。

2. 提高大型金融机构的相关性系数

在危机之前的若干年内，全球化大型金融机构复杂交易业务规模迅速扩张，使得金融体系的相互关联性明显上升，显著放大了单家金融机构失败的传染性。危机期间，雷曼兄弟、AIG 等大型金融机构的失败引起金融市场动荡。这充分证明，相对于非金融公司，金融机构之间的资产价值相关性（Asset Value Correlation，AVC）更高；巴塞尔委员会的实证研究发现，商业银行之间的 AVC 至少比非金融公司高 25%。为此，巴塞尔Ⅲ规定，在内部评级法框架下，总资产规模不低于 1000 亿美元的商业银行和其他不受监管的金融机构的 AVC 统一提高 25%。

3. 强化对错向风险的计量要求

危机期间，由于市场因子波动性扩大，与交易对手风险暴露上升同步出现了交易对手违约率上升和交易对手信用状况的恶化，错向风险非常突出。为此，巴塞尔Ⅲ明确了错向风险计量要求。一是使用 IMM 的银行在估计有效预期正暴露（EffectiveEPE）时必须使用压力情形下的参数，确保能够覆盖一般错向风险，并对压力情形的选择做出具体的规定。二是将已识别的特定错向风险纳入风险加权资产的计量，银行应制定相关程序从交易之初开始持续识别、监控特定错向风险；如交易对手与金融工具发行人之间存在法律联系，该工具不能同与该交易对手的其他衍生品交易一起进行净额结算；对于信用违约互换、股权衍生产品、债券期权等，若交易对手和金融工具发行人存在法律联系，计算资本要求时，应采用最大风险暴露来估计 EAD,并且 LGD 为 100%(不允许采用巴塞尔Ⅱ框架下的 45%、75%等)。

4. 延长风险保证金期限

虽然相当部分的衍生品交易和证券融资交易都需要每日盯市估值且每日计算保证金,但危机期间对于大型净额结算组合、抵押品流动性不足的场外衍生品交易,交换保证金以及平仓所需的时间远远长于巴塞尔Ⅱ规定计算监管资本时采用的保证金期限,放大了交易对手信用风险。因此,巴塞尔Ⅲ规定,对有保证金交易的风险暴露进行建模时,应将交易量超过 5000 笔的大型净额结算组合,以及缺乏流动性抵押品和难以替代的场外衍生品的保证金期限的下限,由 5 个或 10 个交易日延长至 20 个交易日。

5. 强化 CCR 管理要求

本次危机暴露出采用 IMM 的银行在模型的压力测试、验证与返回检验、抵押品管理方面存在风险隐患,导致资本要求被低估。为此,巴塞尔Ⅲ相应提高了对 IMM 的监管要求,确保银行 CCR 管理的有效性。一是对使用内部估计 α 的银行施加额外限制,以确保在 α 建模、参数设置和资产组合构成方面的一致性,并要求至少每个季度评估一次模型估值。二是进一步明确了压力测试的范围、层次、频率、压力情景设计、PD 与 EAD 的相关性以及压力测试在风险管理中的运用等方面的监管要求。三是对模型验证和返回检验的频率、流程、独立性、模型结果在风险管理以及限额设定、文档化等方面提出明确要求。四是明确了抵押品管理部门的工作职责、绩效评估、内部报告、重复使用抵押品的控制、非现金抵押品等方面的监管要求。

（二）CCR 资本监管规则调整的影响

巴塞尔委员会（2013）测算结果表明，2012 年底，按照巴塞尔 2.5（2009 年 7 月巴塞尔委员会发布的巴塞尔Ⅱ补充文件，主要针对资产证券化风险加权资产计算规则、市场风险加权风险计算规则）和巴塞尔Ⅲ的规定，100 家大型银行（核心一级资本超过 30 亿欧元）的风险加权资产平均上升 14.5%，其中信用估值调整上升了 4.5%，CCR 调整（包括采用压力情景下的 EAD 和提高大型金融机构 AVC）上升了 1.5%。值得特别指出的是，CCR 资本规则调整对不同国家银行的影响存在显著差异，如表 1 所示，对广泛参与场外衍生品交易的美国、英国、瑞士和德国大型银行的影响要显著高于其他国家——美国 12 家大型银行 CCR 监管规则调整导致总加权资产上升 10.1%，英国 5 家银行平均上升 10.5%，瑞士两家银行上升 16.2%，德国 7 家银行上升 11.5%；这四国 CCR 规则变化导致的风险加权资产变化在总风险加权资产变化中的占比分别为 38%、50%、56% 和 45%。由此可见，在巴塞尔Ⅲ实施后，对部分国际化大银行来说，CCR 资本要求在总资本要求中的占比将明显上升，影响甚至超过了操作风险和市场风险。

表 1　2012 年底巴塞尔Ⅲ框架下大型银行风险加权资产变化情况

国家	RWA 上升幅度	CVA 的影响	CCR 的影响
美国	26.9%	6.2%	3.9%
英国	20.8%	8.9%	1.6%
瑞士	28.8%	13.0%	3.2%
德国	25.3%	9.9%	1.6%
全部银行平均	14.1%	4.5%	1.5%

SA-CCR 的核心内容和主要特点

如前文所述，除增加 CVA 资本要求外，巴塞尔Ⅲ主要调整了 IMM 的相关规定，并未解决 CEM 和 SM 的固有缺陷，并且由于三种方法的风险敏感性差异较大，导致按不同方法计算的 CCR 资本要求不具有可比性。根据“平衡监管框架的简单性、敏感性和可比性”原则（BCBS，2013），2014 年 3 月，巴塞尔委员会公布了 SA-CCR，取代现行的 CEM 和 SM 两种方法，成为与 IMM 并行的计量方法，并将其作为 IMM 下资本要求底线的计量基础。

（一）SA-CCR 的核心内容

SA-CCR 总体架构与 CEM 一致，EAD 同时包括当前风险暴露和潜在风险暴露，具体计算公式如下：

$EAD=\alpha\times(RC+PFE)$

其中，α 为常数，与 IMM 保持一致，取值为 1.4；RC 为重置成本，代表当前风险暴露；PFE 为潜在风险暴露。

但是，SA-CCR 框架下 RC 和 PFE 的计算逻辑与 CEM 有很大差异。一是 RC 和 PFE 的计算都区分有保证金衍生品交易和无保证金衍生品交易。二是 RC 在单个净额结算组合层次上计算，直接加总；而 PFE 在资产类别层次上计算，然后加总。SA-CCR 与 CEM、SM、IMM 的比较如表 2 所示。

表 2 SA-CCR 与 CEM、SM 和 IMM 的比较

	SA-CCR	CEM	SM	IMM
总体结构	α×(RC+PFE)	RC+PFE	α×Max(RC,PFE)	α×EEPE
认可保证金	是	不	不	是
在 RC 中是否认可净额结算	全部认可	全部认可	全部认可	全部认可
在 PFE 中是否认可净额结算	相同抵消组合内全部或部分认可;跨组合不认可	非常有限	相同抵消组合内全部或部分认可;跨组合不认可	全部认可
是否使用内部模型假设	不	不	有限使用	使用模拟方法
参数校准	采用最近危机时期数据进行校准	未基于危机情形重新校准	未基于危机情形重新校准	基于最近危机时期数据重新校准

(二)RC 的计算逻辑

对于无保证金的衍生品交易,RC=Max(V-C;0),V 代表净额结算组合衍生品的盯市价值;C 代表银行净持有的抵押品(收到的抵押品扣除提交的抵押品)经折扣调整后的价值。超值抵押(overcollateralization)或负的盯市价值不影响 RC 的计算,但可用于抵减 PFE。

对于有保证金的衍生品交易,应考虑保证金协议以及相应的抵押品交换机制对当前风险暴露的影响,RC 可以定义为在触发可变保证金(Variation Margin)补充之前商业银行承担的最大风险暴露[1]。其计算公式如下:

$RC=Max(V-C;TH+MTA-NICA;0)$

V、C 的含义与无保证金衍生品交易相同;TH(Threshold)是一个正的阈值,超过该阈值交易对手必须向银行提交抵押品;MTA(Minimum

Transfer Amount)是交易对手须向银行转移抵押品的最小数量;NICA(Net Independent Collateral Amount)为净独立抵押品的价值[2],代表在交易对手违约情况下,银行可以用来抵消风险暴露的抵押品价值。TH+MTANICA代表了触发可变保证金补充之前的最大风险暴露,包含了银行需持续保留的抵押品水平。

(三)PFE 的计算逻辑

SA-CCR 框架下,PFE 包括两个组成部分:一是全部衍生品交易的总附加暴露;二是认可超值抵押或负盯市价值的乘数因子(Multiplier)。PFE 计算公式如下:

$$PEE = Multiplier \times Add\text{-}on^{aggregate}$$

乘数因子是 $Add\text{-}on^{aggregate}$、衍生品合约的盯市价值(V)、抵押品价值(C)三个输入因子的函数,其取值范围为[5%,1]。如前文所述,计算 RC 时,C 可以用来抵减 V,但不认可超值抵押;鉴于此,在计算 PFE 时应考虑超值抵押的风险缓释效应,出于审慎的原因,对乘数因子设置了 5%的下限。也就是说,当抵押品市值小于衍生品市值时,可全额用于抵减 RC,计算 PFE 时乘数为 1;当抵押品市值超过衍生品市值时,RC 为零,计算 PFE 时乘数小于 1,超值抵押率越高,适用的乘数就越小,但受制于 5%的下限。在衍生品合约的盯市价值为负值情况下,适用乘数因子函数的原理与超值抵押类似。

附加暴露(Add-on)是计算 PFE 的关键。为计算附加暴露,SA-CCR 将衍生品交易分为利率、外汇、信用、股权和商品五大类资产。各类资产附加暴露的计量基于抵消组合的概念。抵消组合是指计算附加暴露时可以部分抵消或全部抵消的一组交易。各类衍生品交易中抵消组合的界定方法如表3所示，对于利率衍生产品，抵消组合分币种设定；而对于外汇衍生品，每个货币对（Currency Pair，如美元/日元、日元/人民币、人民币/美元等）均构成独立的抵消组合；信用衍生品和股权衍生品均只有一个抵消组合；商品衍生品包括四个抵消组合，分别为能源、金融、农业和其他商品衍生品。可见，附加暴露与每类资产中抵消组合的数量密切相关。

表3　不同类别衍生产品交易中抵消组合的确定方法

	利率	外汇	信用	股权	商品
全部抵消	同一币种相同时段内	相同货币对	相同参考实体	相同参考实体	同一种商品
部分抵消	同一币种不同时段之间	N/A	不同参考实体	不同参考实体	同类商品中不同商品之间
不能抵消	不同币种	不同货币对	N/A	N/A	不同类商品

附加暴露计量逻辑是以衍生品交易的名义本金为起点，然后顺次引入反映交易特征的三个风险参数进行转换得到有效预期正暴露（Effective EPE）。各类资产有效预期正暴露的计算公式有所差异，但其基本步骤是一致的。一是基于名义本金或交易层面价格计算调整后的名义本金（Adjusted Notional Amount，d）。二是使用反映不同类型衍生品交易持有期（Time Horizon）的期限因子（Maturity Factor，MF）对d进行调整；对于无保证金的衍生品交易，MF取决于合约的剩余期限；对于有保证金的衍生品交易，MF取决于保证金期限。三是使用监管δ系数（Supervisory Delta，δ）对交易的名义本金做进一步调整得到有效名义本金；引入δ的目的是反映头寸方向（如多头为正或空头为负）以及特殊交易的非线性特征，如期权或结构化CDO产品。四是使用监管因子（Supervisory Factor，SF）将有

效名义本金转换为有效预期正暴露;SF 的目的是捕捉衍生品交易的市场波动性,由于不同衍生品交易市场驱动因子不同,因而 SF 有所不同。值得特别指出的是,计算信用、股权和商品三类衍生品交易附加暴露时,还增加一个监管相关系数(Supervisory Correlation Parameter,ρ),以期捕捉基差风险(Basis Risk)和分散化效应(Diversification Effect),因为这两个因素对于这三类交易较为重要。

为计算总附加暴露,商业银行首先应将各类衍生品合约分解到不同的抵消组合,然后采用相应的加总方法在抵消组合层面加总所有交易层面的数据,在此基础上进一步加总得到各类资产层面的附加暴露。总附加暴露为各类资产附加暴露的简单相加,即不认可五大类资产之间的分散化效应。

(四)SA-CCR 的主要特点

1. 平衡了简单性和风险敏感性

衍生品交易风险驱动因子的差异化和波动性、结构复杂化与定制化等特征,与监管规则的表述简洁、易于检查与验证等内在规定性之间的冲突显而易见。采用简单、整齐划一的方法有助于业界和监管当局理解监管规则,但却不能敏感地反映衍生品交易的内在风险,并可能导致资本要求的严重低估或高估;完全依赖银行内部模型,不仅为银行低估资本要求提供了很大的操作空间,而且会弱化银行之间资本计量结果的可比性,同时使得监管当局在认可或否决银行内部计量结果上始终面临着难以逾越的技术障碍。与 CEM、SA 相比,SA-CCR 引入了较为复杂的各类衍生品潜在风险暴露的计算公式,并采用反映衍生品结构特征的风险参数作为资本计量的输入因子,大幅度提高资本要求的风险敏感度;而为了降低银行实施成本，并保证计量结果的可比性，SA-CCR 详细规定了各类衍生品交易的全部风险参数或其计算方法，商业银行输入本行衍生品交易数据就可以计量资本要求，计量过程简单透明；SA-CCR 取代 CEM 和 SM 减少了 CCR 资本计量方法的层次，简化了 CCR 资本监管的整体框架。

2. 顺应衍生品交易的发展趋势

一是衍生品市场的发展。场外衍生品市场发展的根本动力就是通过结构化技术灵活地满足不同市场主体在收益、风险和流动性方面的多样化需求，因此在基础资产、期限、头寸方向、产品结构、交易双方权利和风险分配机制等方面的特殊性非常明显。SA-CCR 对衍生品交易结构给予了更多关注，不仅细化了 CEM 已经考虑的基础资产和剩余期限两个因素，而且增加了头寸方向、非线性特征、风险对冲、基差风险和分散化效应等因素，以更加有效地捕捉衍生品的结构化特征带来的风险。二是场外衍生品监管的最新进展。2013 年 9 月，巴塞尔委员会与国际证监会组织联合发布了《非集中清算衍生品的保证金要求》，要求交易双方必须交换初始保证金（Initiate Margin，对应 PFE）和可变保证金（对应 RC），以降低交易双方因对手违约导致的损失。与此相适应，SA-CCR 明确将有保证金交易和无保证金交易分开处理，并在当前风险暴露和潜在风险暴露计算过程中考虑了保证金的风险补偿功能。

3. 增强了与 IMM 的逻辑一致性

如前文所述，巴塞尔Ⅱ框架确定的 CEM、SM 和 IMM 三种方法之间在复杂性、风险敏感性方面存在巨大的差异，并且不同方法计算的资本要求也不具有可比性。SA-CCR 与 IMM 在本质上都属于以模型为基础的方法，关键都是计量有效预期正暴露。两者差异在于：SA-CCR 是监管模型,模型结构和模型参数均由监管当局来确定;而 IMM 则全面认可银行内部开发的模型和参数。实际上,SA-CCR 的模型架构就是来源于欧美大型银行,模型参数的校准也是基于危机期间的经验数据,并参考了巴塞尔Ⅲ重新校准后 IMM 的资本要求。尽管在具体执行方面两种方法还存在较大差异,SA-CCR 仅要求银行收集和输入本行衍生品交易层面的数据,而在采用 IMM 时,银行还需收集市场层面的数据,并且在 CCR 管理和模型风险治理方面应达到一系列监管要求,但与 CEM、SM 相比,SA-CCR 与 IMM 的逻辑一致性更强,从而有利于银行从 SA-CCR 向 IMM 过渡。

SA-CCR 的影响

(一)SA-CCR 对 CCR 资本要求的影响

为评估实施 SA-CCR 对 CCR 资本要求的影响,巴塞尔委员会风险计量工作组(RMG)选取了 15 个成员 87 家主要银行(其中 14 家银行采用 IMM,73 家银行未采用 IMM)具有代表性的大型净额结算组合,分别按照 CEM 和 SA-CCR 计算风险加权资产(RWA)并比较两者之间的差异(结果见表 4 和表 5)。

如表 4 所示,就全部样本银行而言,相对于 CEM,SA-CCR 降低了有保证金交易的资本要求,降幅为 36.8%;但提高了无保证金交易的资本要求,升幅为 57.9%。该结果与巴塞尔委员会的预期目标一致。比较 IMM 银行和非 IMM 银行的测算结果可以发现,前者有保证金交易 RWA 的降幅大于后者,同时无保证交易 RWA 的升幅又显著小于后者,SACCR 更有利于 IMM 银行;可能是由于两类银行衍生品交易组合构成差异而造成的。与非 IMM 银行相比,IMM 银行衍生品交易较为复杂,SA-CCR 的抵消效应对其影响更大。

表 4　SA-CCR 对 RWA 的影响：按银行分类

银行类型	有保证金交易				无保证金交易			
	净额结算组合数量	CEM RWA（亿欧元）	SA-CCR RWA（亿欧元）	RWA 变化（%）	净额结算组合数量	CEM RWA（亿欧元）	SA-CCR RWA（亿欧元）	RWA 变化（%）
IMM 银行	127	64	35	-45.7	134	124	142	+14.4
非 IMM 银行	863	528	339	-35.8	950	275	488	+77.1
合计	990	592	374	-36.8	1084	399	2630	+57.9

如表 5 所示，按银行的交易对手类型来看，除主权外，SA-CCR 对其他各类交易对手的影响趋势是一致的，即有保证金交易的 RWA 下降，无保证金交易的 RWA 上升。RWA 降幅最大的是银行与中央交易对手（CCP）之间的交易，其次是银行之间的交易；RWA 升幅最大的是银行与其他金融机构之间的交易，其次是银行之间的交易。以主权为交易对手的 RWA 变化出现异常的原因在于该类交易的净额结算组合数量较少，极个别规模很大的交易主导了变化方向。银行之间以及银行与 CCP 之间有保证金交易的 RWA 降幅较大，源于这两类交易多属于居间交易，银行多采用双向操作对冲风险，从而可以享受更多的抵消效应；而与非金融机构和主权之间的交易，交易对手多为最终用户，抵消效应较小。

表 5　SA-CCR 对 RWA 的影响:按交易对手分类

交易对手类型	有保证金交易				无保证金交易			
	净额结算组合数量	CEM RWA (亿欧元)	SA-CCR RWA (亿欧元)	RWA 变化 (%)	净额结算组合数量	CEM RWA (亿欧元)	SA-CCR RWA (亿欧元)	RWA 变化(%)
银行	348	304	164	-46	321	63	101	+61.0
CCP	128	24	12	-51.5	-	-	-	-
其他金融机构	211	84	53	-36.7	263	111	204	+83.5
非金融机构	209	172	131	-24.0	328	186	295	+59.2
主权	94	9	15	+60.1	172	40	29	-27.1
合计	990	592	374	-36.8	1084	399	630	+57.9

此外,为估计 SA-CCR 对样本银行全部衍生品交易 RWA 的影响,RMG 采用外推法(Extrapolation)将分析范围扩展到未包括在上文测算范围以内的其他净额结算组合。如表 6 所示,与 CEM 相比,SACCR 使得全部衍生品交易的 RWA 从 3329 亿欧元提高到 3683 亿欧元,升幅约 10%。按交易对手划分,与非金融机构之间交易的 RWA 升幅最大,约为 40%;与其他金融机构之间的交易次之,升幅约 15%;而与 CCP 之间以及银行之间的交易,RWA 分别降低 63%和 25%。

表 6　SA-CCR 对 RWA 的影响:全部衍生品交易　　　(单位:亿欧元)

交易对手类型	报告的净额结算组合		未报告的净额结算组合		合计	
	实际 RWA -CEM	实际 RWA -SA-CCR	实际 RWA -CEM	外推估计 RWA -SA-CCR	实际 RWA -CEM	外推估计 RWA -SA-CCR
银行	366	265	793	607	1159	871
CCP	24	12	19	5	43	16
其他金融机构	195	257	285	291	479	548
非金融机构	358	426	1207	1732	1564	2158

续表

交易对手类型	报告的净额结算组合		未报告的净额结算组合		合计	
	实际 RWA -CEM	实际 RWA -SA-CCR	实际 RWA -CEM	外推估计 RWA -SA-CCR	实际 RWA -CEM	外推估计 RWA -SA-CCR
主权	5	44	34	46	83	90
合计	992	1004	2337	2679	3329	3683

（二）SA-CCR 对衍生品市场以及银行行为的影响

1. 为商业银行开展保证金交易提供了激励

前引测算结果表明，在 SA-CCR 框架下，相对于无保证金交易而言，有保证金交易将获得较大的资本优惠，因此商业银行更有动力开展保证金交易。与此同时，保证金与资本之间的此消彼长是否必然提升银行吸收 CCR 损失能力还有待于观察，这主要取决于两个因素：一是两者之间的数量关系，若资本要求下降小于保证金增加的数量，则提升银行总风险补偿能力；反之，银行吸收损失能力不升反降。二是保证金要求与资本要求性质差异。从理论上说，保证金是针对特定衍生品交易的，并且由违约方支付（Defaulter-pay），仅能用于吸收特定交易对手违约给银行带来的损失；而资本是银行所有业务共同分担的（Shared Collectively by All Entity's Activities），并且由存活方支付（Survivor-pay），可以随时用于吸收银行的任何损失，不局限于 CCR 导致的损失，因而其应对系统性风险的能力更强。因此，只有当保证金增加的数量明显高于资本要求下降的数量时，SA-CCR 分开处理由保证金交易和无保证金交易的做法才有助于提升银行吸收损失的能力。

2. 推动衍生品交易由双边清算转向集中清算

通过中央交易对手（CCP）对场外衍生交易实行集中清算是危机后场

外衍生品市场改革的核心内容之一。集中清算通过多边抵消交易、保证金安排和提高市场透明度能够有效缓解双边清算机制下单个交易主体突然违约引发的系统性风险,并促进场外衍生品市场长期稳健发展。金融稳定理事会(2014)发布的报告称,2012 年底,成员国中共有 55 家 CCP 能够提供不同类型场外衍生品的集中清算,过去两年间集中清算的场外衍生品占比略有上升,按名义本金计算,利率衍生品交易集中清算的占比约 46%,信用衍生品交易占比仅 19%;集中清算进展缓慢的主要原因就是其成本收益还存在不确定性。表 5 和表 6 所示的测算结果表明,SA-CCR 大幅度降低了集中清算衍生品交易的资本要求,将为场外衍生品转向集中清算注入动力。同时监管当局需高度关注 CCP 自身的清偿能力(包括资本和违约基金)、紧急流动性筹措机制、监管架构、信息可获得性等,防止 CCP 违约给衍生品市场带来的巨大冲击。

3. 提升商业银行 CCR 管理能力

为确保 SA-CCR 框架下资本计量的准确性,商业银行必须建立相对集中的 CCR 信息管理系统,系统地收集和储存衍生品交易规模、期限分布、产品特征、保证金、抵押品以及交易对手等信息。这不仅有助于有效识别交易层面的风险,而且能够及时地预警客户层面和组合层面的集中度风险,并采取相应的风险缓释措施。更具风险敏感性的资本要求也为商业银行合理测算成本、评估绩效和产品定价奠定了基础。同时,SA-CCR 也相应提高了银行的执行成本和资本负担。征求意见期间,相当一部分大型银行表示,现有的信息系统尚不能获取执行 SA-CRR 所需的数据,需对信息系统进行改造升级;并且按照 SA-CRR 计算的资本要求可能会明显超过 IMM 的计量结果。由于 SA-CRR 将主要适用于中小银行,而中小银行的数据基础和信息系统普遍较弱，同时衍生品交易规模非常小，因此将面临更高的实施成本。

（三）SA-CCR 对国内银行的影响

总体而言，国内银行衍生品交易业务规模小、结构简单，但近三年年均增速超过了 30%。2013 年底国内银行各类衍生品交易名义本金达 19 万亿元，衍生品正负市场价值之和约 2000 亿元。产品类型以汇率类和利率类产品为主；交易类型以互换和远期为主。就全部商业银行平均而言，衍生品 CCR 资本要求在总资本要求中占比仅为 0.35%。按上文提及的 SA-CCR 导致 CCR 风险加权资产上升 10%来推算，SA-CCR 的实施对国内银行资本充足率的影响微乎其微；但对于衍生品业务量较大的外资银行，其影响将远远超过平均水平。虽然外资银行在国内银行市场上的份额仅为 2%，但在衍生品市场中的份额却为 1/3，个别银行 CCR 资本要求在总资本要求中的占比超过了 5%。

随着国内利率和汇率市场化进程加快、资产证券化市场发展以及国际化程度的提高，国内主要银行将更加深入地参与衍生品市场，一方面灵活地满足客户需求，另一方面在更大范围内寻求风险对冲工具。因此，国内大型银行要意识到 CCR 管理的重要性，将 CCR 管理纳入全面风险管理框架，按照 SA-CCR 的新要求，更新升级管理信息系统，开发识别、计量和监控 CCR 的工具，完善交易对手信用风险管理政策和流程，逐步提升交易对手信用风险管理能力。

注：

1. 根据 BCBS 和 ISOCO（2013）的定义，可变保证金是指衍生品交易双方为保护当前风险暴露而交换的保证金。

2. ICA(Independent Collateral Amount)是指在交易对手违约情况下,银行可以占有对方提交的抵押品(不包括可变保证金)的数量不随着其担保的交易价值变化而变化。NICA 不包括银行向分离的、破产隔离账户提交的抵押品,虽然在交易对手违约情况下这些抵押品有可能返还给银行。

参考文献

1. Basel Committee on Banking Supervision, 2006. International Convergence of Capital Measurement and Capital Standard: A Revised Framework (Comprehensive Version), http://www.bis.org/publ/bcbs128.pdf.

2. Basel Committee on Banking Supervision, 2010. Basel Ⅲ: A Global Regulatory Framework for More Resilientbanks and Banking System, http://www.bis.org/publ/bcbs189_dec2010.pdf.

3. Basel Committee on Banking Supervision, 2013. The non-internal Model Method for Capitalising Counterpartycredit Risk Exposures (consultative document), http://www.bis.org/publ/bcbs254.pdf.

4. Basel Committee on Banking Supervision, 2013. The Regulatory Framework: Balancing Risk Sensitivity, Simplicity and Comparability (discussion paper), http://www.bis.org/publ/bcbs258.pdf.

5. Basel Committee on Banking Supervision and Board of the International Organization of Securities Commission, 2013. Margin requirements for non-centrally cleared derivatives, http://www.bis.org/publ/bcbs261.pdf.

6. Basel Committee on Banking Supervision, 2013. Results of the Basel Ⅲ Monitoring Exercise as of 31December 2012, http://www.bis.org/publ/bcbs262.pdf.

7. Basel Committee on Banking Supervision, 2014. The Standardized Approach for Measuring Counterparty Creditrisk Exposure, http://www.bis.org/publ/bcbs279.pdf.

8. Financial Stability Board, 2014. OTC Derivatives Market Reforms: Seventh Progress Report

on Implementation, http://www.financialstabilityboard.org/publications/r_140408.pdf.

9. Jove Bessis, 2010. Risk Management in Banking (Third Edition), Published by John Wiley and Sons Ltd.

10. 王雪松.衍生品交易对手信用风险管理[J].风险管理,2010(11).

（本文原载于《债券》2014 年 7 月刊）

货币市场利率走势分析与展望

王屯　贾蔚　许冬　何泽源　李晓琳　张晶

当前货币市场利率不仅是影响债券交易资金成本的关键因素,也是判断债券市场走势的重要风向标。特别是近期人民银行放开存款利率上限后,利率市场化进程已进入全新阶段,货币市场利率在未来利率传导机制中料将发挥关键性作用。为更好把握货币市场利率走势、提升市场风险主动管理能力,本文将尝试研究影响银行间货币市场利率走势的主要因素,通过回顾分析2007年至2015年Shibor和Repo的走势,提出银行间货币市场利率未来走势的分析框架,并对货币市场利率未来走势进行展望。

货币市场利率的主要构成与代表品种

我国货币市场的代表性利率包括银行间同业拆借利率、债券回购利率、央行公开市场操作利率等。其中,银行间同业拆借交易的利率主要参

本文作者任职于中国工商银行总行金融市场部。

考上海银行间同业拆放利率（Shibor）进行定价（根据 18 家信用等级较高、信息披露较为充分的银行报价计算的平均利率）。债券回购利率（Repo）是银行间市场真实交易所形成的利率水平，具有较好的传导性和价格发现功能。此外央行在公开市场操作中，可通过各类金融工具的利率水平引导货币市场利率变动。

各利率品种中，在当前利率市场化快速推进、央行货币政策框架转型的大背景下，基于 Shibor 和 Repo 定价的金融产品交易为市场主流，交易量不断扩大，参与主体日趋丰富，应用范围不断扩大（见表 1）。Shibor 和 Repo 能够较为准确和及时地反映货币市场的资金供求，是衡量银行间市场流动性强弱的代表性指标，在金融机构内外部定价、风险管理、央行货币政策传导方面都发挥了至关重要的作用。

表 1　2007—2014 年银行间市场信用拆借和债券质押式回购成交金额　（单位：亿元）

品种 年份	信用拆借			质押式回购		
	隔夜	7 天	3 个月	1 天	7 天	3 个月
2007	80304.7	21780.1	315.9	229985.1	158416.3	906.7
2008	106513.6	35004.7	666.1	360050.8	150263.0	1045.3
2009	161666.0	21347.9	709.9	526276.3	103972.3	1357.4
2010	244862.0	24269.0	1340.2	676982.6	120618.5	1913.4
2011	273200.4	42400.8	1673.7	728666.7	157023.0	4513.0
2012	402814.3	41933.7	1169.5	1109323.4	172165.2	4421.1
2013	289636.0	44024.0	1748.0	1201735.0	196620.0	7068.0
2014	294983.0	61061.0	1670.0	1669081.0	300413.0	9854.0

数据来源：Wind 资讯

目前在 Shibor 对外公布的 8 个品种中，隔夜（ShiO/N）、1 周（Shi1W）和 3 个月（Shi3M）的品种应用最为广泛；Repo 对外公布的 11 个品种中，1

天、7 天和 3 个月的加权平均回购利率应用最为广泛。由于 Shibor 和 Repo 走势大体相同,影响因素也相近,本文将选取 Shibor 作为代表进行分析。

货币市场利率的主要影响因素及历史回顾

(一)货币市场利率的主要影响因素

1. 宏观经济因素

经济基本面对货币市场利率的影响是长期和间接的,需通过一系列其他因素进行传导。对不同经济运行周期下经济增长速度等宏观经济因素进行研判,有助于了解和分析货币市场利率的走势。

2. 货币政策因素

银行间货币市场不仅是商业银行进行流动性管理的场所,也是央行货币政策传导的重要一环,因此货币政策的变化将对货币市场利率产生较直接的影响,同时央行也会根据货币市场利率的走势情况来适时调整货币政策。不同时期,央行通过调整公开市场操作的方向和力度、引导央票利率走势和发行期限配置、调整法定存款准备金率及存贷款基准利率等手段,实现对银行体系流动性的管理和对货币市场利率的影响。2013 年之后央行还创设了一系列创新工具,包括短期流动性调节工具(SLO)、常备借贷便利(SLF)、中期借贷便利(MLF)、抵押补充贷款(PSL)等,对于流动性进行预调微调的针对性和灵活性进一步增强。

3. 其他影响因素

除以上影响因素外,IPO 发行、季节性时点因素、债券供给量、财政存款、国际利率和汇率水平等也会对货币市场利率产生一定影响,同时也是央行采用货币政策工具进行预调微调的重要参照。

需要说明的是，从历史观察与实践经验看，三类因素并非各自独立，而是相互影响、交织作用的。由于不同时期基本面、政策面和资金面对货币市场利率影响作用的重要程度不同，市场关注点也有所不同，所以实际中应结合具体情况进行综合分析。

（二）2007年以来我国经济周期及货币政策回顾

从政策周期看，自2007年以来我国货币政策共经历了以下几个周期的调整（见表2）：在2007年1季度以前，我国经济增长呈现良好态势，经济处在上行周期，央行实施稳健的货币政策；自2007年2季度，随着经济增长有从偏快转为过热的趋势，货币政策逐渐转为适度从紧；自2008年3季度，由于全球金融危机蔓延、我国经济面临较大下行压力，央行开始执行宽松货币政策；自2011年，为促进经济增长、稳定物价水平、调整经济结构，央行开始实施稳健货币政策；自2014年以来，我国经济处于增速换挡和转变发展方式的新阶段，央行继续实行稳健的货币政策，同时越来越注重货币政策的预调微调和松紧适度。

从政策工具看，2014年以前，为对冲外汇占款引致基础货币被动投放，央行货币政策以公开市场操作、调整存款准备金率和存贷款基准利率为主，也会适时搭配其他工具；2014年以来，我国基础货币供给渠道发生根本变化，央行货币政策工具取代外汇占款成为基础货币供给的主渠道，政策更加细腻，存款准备金率调整变为差别制，并且更多注重政策的预调微调。

表 2　2007—2015 年央行货币政策及主要工具

时期	货币政策	主要货币政策工具
2007 年 1 季度	实施稳健的货币政策	1. 公开市场操作 2. 上调存款准备金率 3. 上调存贷款基准利率
2007 年 2 季度 至 2008 年 2 季度	从稳健转为适度从紧的货币政策	1. 灵活运用公开市场操作(加大操作力度、央票发行利率适度上行) 2. 上调存款准备金率 3. 上调存贷款基准利率
2008 年 3 季度 至 2010 年 4 季度	执行适度宽松的货币政策	1. 适度调整公开市场操作力度(央票发行利率稳中适度下行) 2. 调整存款准备金率(先下调、再上调) 3. 调整存贷款基准利率
2011 年 1 季度 至 2012 年 4 季度	围绕稳定物价,实施稳健的货币政策	1. 合理调整公开市场操作利率 2. 调整存款准备金利率(先上调、再下调)
2013 年 1 季度 至 2013 年 4 季度	继续实施稳健的货币政策,不放松也不收紧银根适时适度进行预调微调	1. 灵活开展公开市场操作 2. 创新工具
2014 年 1 季度 至 2015 年 2 季度	继续实施稳健的货币政策,更加注重松紧适度和预调微调	1. 灵活开展公开市场操作 2. 创新工具 3. 定向降准、降息

资料来源:中国人民银行网站 www.pbc.gov.cn《货币政策执行报告》

货币市场利率历史走势的归因分析

通过分析货币市场利率的影响因素和梳理 2007 年以来我国货币政策的主要工具,可以发现宏观经济、法定存款准备金率、存贷款基准利率、央票发行利率、央行创新工具,以及其他因素中具有代表性的股市 IPO 等 7 类因素,对货币市场利率的影响作用较为突出,也易为量化,较有分析价值,因此本文将从定性角度对以上 7 类影响因素进行归因分析,同时也将从实证角度研究分析宏观经济因素和货币政策因素对货币市场利率的影响作用。

本文选取宏观经济、存款准备金率和存贷款基准利率作为3个主要因素，建立相关模型进行分析。由于向量自回归（VEC）模型基于数据的统计性质而建立，是处理多个相关经济指标的分析与预测的最经典模型之一，基于VEC模型的脉冲响应函数分析能够衡量随机扰动项的一个正冲击对内生变量未来值的变动影响，从而解释各种经济冲击对经济变量形成的影响，因此本文选取该方法进行货币市场利率的实证分析。

（一）宏观经济因素对Shibor的影响

宏观经济因素通过货币政策的伴随调整、风险偏好以及资金供求关系等各类途径，对银行间货币市场的资金价格产生周期性影响，是货币市场利率走势分析中最重要的基础因素。

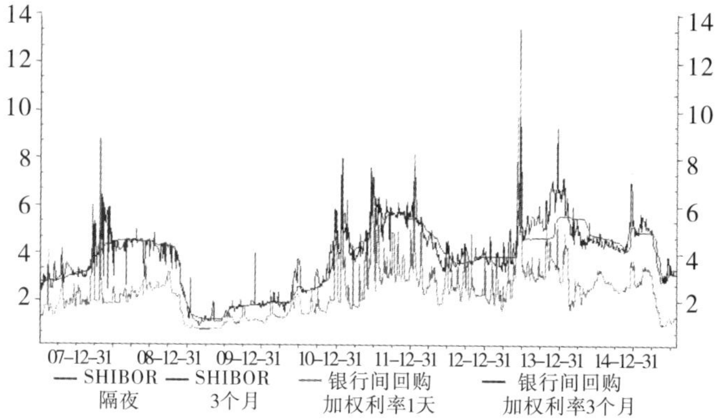

图1　2007年至2015年上半年Shibor和Repo走势

数据来源：Wind资讯

根据历史数据，本文回顾了2007年以来货币市场利率伴随经济周期变动而产生的周期性变化。在2007—2008上半年经济过热背景下，货币市场利率呈现波动上行趋势。以ShiO/N平均水平为例（见图1），2007年均值为2.09%，2008年均值为2.29%。2008年下半年至2009年，我国经济受金融危机影响增速下行,货币市场利率在宽松货币政策带动下明显下行并保持在低位水平,2009 年 ShiO/N 均值 1.02%为历史较低水平;2010 年国内经济增速显著回升,货币市场利率呈现上行走势,ShiO/N 均值一直增长至 2011 年的 3%附近,进入历史较高水平;2012 年受国内经济调整影响,ShiO/N 均值一路下行。2013 年属于特殊年份,货币市场利率受金融市场监管加强及市场化改革因素影响始终在高位运行。2014 年以来国内进入经济结构调整期,ShiO/N 均值振荡下行,目前回落至 2%以内,处于历史中低水平。

在实证分析中,由于采购经理指数(PMI)是反映经济发展趋势的先行性指标,可以较好地反映经济的周期性变动。因此,本文经综合比较后选取 PMI 作为宏观经济因素的代表变量进行模型分析,结果表明 PMI 对 Shi3M 存在较为显著的影响,且影响时间持续较长。表 3 是 PMI 对 Shi3M 的脉冲响应函数表,显示 Shi3M 受到 PMI 正向冲击后各期上行的幅度。当在本期给 PMI 一个正冲击后,从第二个月开始对 Shi3M 产生正向影响,使得 Shi3M 增长 5.34%;之后 Shi3M 持续上行,9 个月时 Shi3M 增长幅度达到 23.77%。这表明 PMI 受各种宏观因素的某一冲击后,经各种传导途径传递给 Shi3M,两个月后给 Shi3M 带来同向的冲击,使 Shi3M 出现上行走势,而且这一冲击对 Shi3M 具有显著的促进作用和较长的持续效应。

表 3　PMI 对 Shi3M 的脉冲响应分析

Period	1	2	3	4	5	6	9
PMI	0.0000	0.0534	0.1182	0.1768	0.2137	0.2326	0.2377

注:Period 代表期数,单位为月

（二）法定准备金率调整对 Shibor 的影响

调整法定存款准备金率是央行进行货币供应量调节的重要手段，通常上调存款准备金率是实施偏紧货币政策的信号，利率会有上行压力；反之，当下调存款准备金率时，利率应会有下行趋势。

根据历史数据，本文回顾了 2007 年以来存款准备金率变动后ShiO/N的 20 日均值与变动前 20 日均值的对比情况（见表 4）。

首先，从调整周期来看：通常存款准备金率上调周期时间要长于下调周期时间，2007—2008 年与 2010—2011 年两次上调周期时间跨度均为 1 年半左右，分别累计上调 15 次和 12 次；而 2008 年和 2011—2012 年的下调周期时间跨度均为半年左右，分别下调 4 次和 3 次。从每次调整频率来看，调整间隔一般为一到两个月。

其次，短端 Shibor 走势与存款准备金率的调整方向大体保持一致，个别时间点也有走势相反的情况，主要集中在春节期间，如 2007 年 2 月 25 日、2010 年 2 月 25 日和 2011 年 2 月 24 日这三次上调恰好处在春节假期期间，节后银行体系资金会出现一定量的回流，导致存款准备金率对 Shibor 的影响被削弱。

第三，从不同货币政策周期存款准备金率调整后 Shibor 的变动差别来看，在 2007—2008 年紧缩政策下的上调周期中，ShiO/N 的平均变动幅度为 4.60%，剔除 2007 年春节异常变动影响后平均变动幅度为 7.10%；在 2010 年适度宽松政策下的上调周期中，ShiO/N 的平均变动幅度为 43.49%，剔除 2010 年春节异常变动影响后平均变动幅度为 53.95%；在 2011 年上半年稳健政策下的上调周期中，ShiO/N 的变动平均幅度为

21.29%,剔除2011年春节异常变动影响后平均变动幅度为36.23%。可见,在不同货币政策周期中,存款准备金率变动对货币市场利率的影响有所不同:其中宽松周期影响幅度相对较大,紧缩周期影响幅度相对较小。

表4 存款准备金率调整后Shibor变动情况表

存款准备金率调整周期	方向	货币政策	案例	shibor O/N变动(BP)	变动百分比	Shibor 1W变动(BP)	变动百分比
2007年至2008年2季度	上调(15次,累计上调8个点),4次Shibor反方向变动	适度从紧	2007-01-15	14.16	9.11%	0.2663	14.53%
			2007-02-25	(66.43)	-30.36%	(81.53)	-31.37%
			2007-04-16	56.96	31.30%	114.36	56.40%
			2007-05-15	51.20	21.29%	54.00	17.35%
			2008-04-25	9.37	4.06%	25.89	8.58%
			2008-05-20	49.94	21.70%	44.04	14.35%
			2008-06-15	(22.94)	-8.14%	(44.63)	-12.48%
2008年3、4季度	下调(4次,累计下调4个点)	适度宽松	2008-09-25	(8.15)	-3.01%	(10.48)	3.35%
			2008-10-15	(56.62)	-19.87%	(37.14)	-11.23%
			2008-12-05	(96.00)	-48.05%	(106.84)	-43.39%
			2008-12-25	(35.20)	-28.80%	(66.55)	-40.08%
2010年	上调(6次,累计上调3个点),1次Shibor反方向变动	适度宽松	2010-01-18	25.46	22.86%	30.07	20.80%
			2010-02-25	(13.26)	-8.85%	(15.26)	-8.44%
			2010-05-10	59.34	44.78%	48.26	29.30%
			2010-12-20	97.42	48.53%	115.69	40.46%
2011年1、2季度	上调(6次,累计上调3个点),1次Shibor反方向变动	稳健	2011-01-20	146.38	48.95%	129.64	32.58%
			2011-02-24	(217.94)	-53.38%	(274.87)	-52.58%
			2011-03-25	4.29	2.28%	9.82	4.02%
			2011-06-20	151.93	41.30%	193.38	42.97%
2011年底至2012年2季度	下调(3次,累计下调1.5个点)	稳健	2011-12-05	(33.49)	-10.07%	1.51	0.40%
			2012-02-24	(83.81)	-24.57%	(104.54)	-24.70%
			2012-05-18	(67.58)	-24.68%	(103.71)	-29.23%

续表

存款准备金率调整周期	方向	货币政策	案例	shibor O/N 变动（BP）	变动百分比	Shibor 1W 变动（BP）	变动百分比
2015 年	下调（普降 2 次，定向降 1 次）	稳健	2015-02-05	45.66	16.59%	70.62	17.97%
			2015-04-20	（126.40）	-55.57%	（114.73）	-67.21%

资料来源：Wind 资讯，中国人民银行网站 www.pbc.gov.cn

本文实证研究了存款准备金率对 3 个月 Shibor 的影响，结果表明存款准备金率对 Shi3M 存在较为显著而快速的影响，且影响的持续时间较长。表 5 是存款准备金率对 Shi3M 的脉冲响应函数表，显示了 Shi3M 受到存款准备金率的正向冲击后各期上行的幅度。当在本期给存款准备金率一个正冲击后，从第二个月开始对 Shi3M 产生正向影响，使得 Shi3M 增长 10.60%；之后 Shi3M 持续上升，9 个月时 Shi3M 增长幅度达到 24.56%。这表明一年期存款基准利率受到央行货币政策调整等因素的某一冲击后，经各类传导途径传递给 Shi3M，且这一冲击对 Shi3M 具有显著的促进作用和较长的持续效应。

表 5　存款准备金率对 Shi3M 的脉冲响应分析

Period	1	2	3	4	5	6	9
RR	0.0000	0.1060	0.1444	0.1776	0.2024	0.2210	0.2456

注：Period 代表期数，单位为月；RR 代表存款准备金率

（三）存贷款基准利率对 Shibor 的影响

通常存贷款基准利率的调整周期与准备金率的调整周期具有一致性，其调整除了会影响市场上的货币供应量外，也可以适当发挥利率的杠杆作用，引导货币市场利率走势。

根据历史数据,本文比较了 2007 年以来 Shibor 利率与一年期存贷款利率的走势(见图 2)。可以看出,一年期存贷款利率与一年期 Shibor(Shi1Y)的走势非常同步,但基准利率的变动幅度与 Shibor 的变动幅度不完全相同。以 2010 年底至 2011 年初为例,Shi1Y 上涨幅度远大于一年存款基准利率的加息幅度。而对于 Shi3M,该利率波动性较 Shi1Y 更大,虽总体也受一年期存贷款利率变动的影响,但同时也会受到其他因素的较大影响。以 2013 年底至 2014 年初为例,一年存贷款基准未发生变动,而 Shi3M 利率出现大幅度的波动。

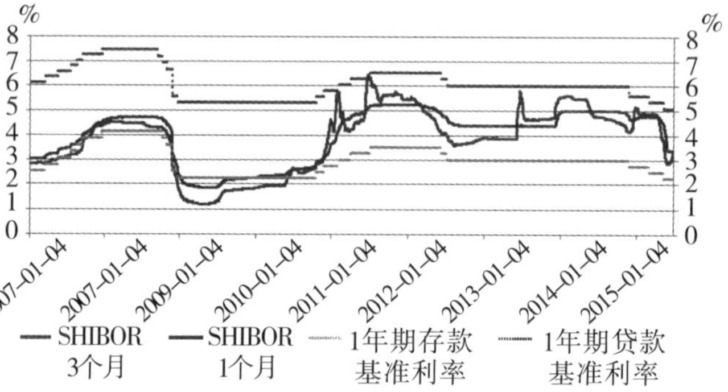

图 2　一年期存贷款利率与 Shibor 走势对比

数据来源:Wind 资讯

在实证分析中,本文研究了一年期存款基准利率对 Shi3M 的影响,结果表明一年期存款基准利率对 Shi3M 存在较为显著影响,且影响持续时间较长。表 6 是一年期存款基准利率对 Shi3M 的脉冲响应函数表,显示 Shi3M 受到一年期存款基准利率的正向冲击后各期上行的幅度。当在本期给一年期存款基准利率一个正冲击后,从第二个月开始对 Shi3M 产生正向影响,使得 Shi3M 增长 2.14%;之后 Shi3M 持续上行,9 个月时 Shi3M 增长幅度达到 18.64%。这表明在央行调整一年期存款基准利率后,经各种传导途径传递给 Shi3M,两个月后给 Shi3M 带来同向的冲击,且这一冲击对 Shi3M 具有显著的促进作用和较长的持续效应,同时一年存款利率的冲击影响在短期内显著低于存款准备金率的冲击影响。

表 6　一年期存款基准利率对 Shi3M 的脉冲响应分析

Period	1	2	3	4	5	6	9
Deposit1Y	0.0000	0.0214	0.0760	0.1143	0.1453	0.1658	0.1864

注:Period 代表期数,单位为月;Depisit1Y 代表一年期存款基准利率

(四)央票发行利率与 Shibor 走势

央行通过控制央票发行利率、发行量引导货币市场利率走势和流动性供给。央票发行利率可以作为判断短期货币市场利率走势的重要参考。虽然 2013 年以后央行暂停了央票发行,但央票作为央行的重要货币政策工具,对其研究仍具有很强的指导意义。本文选取发行较多的 3 个月和 1 年期央票进行研究。

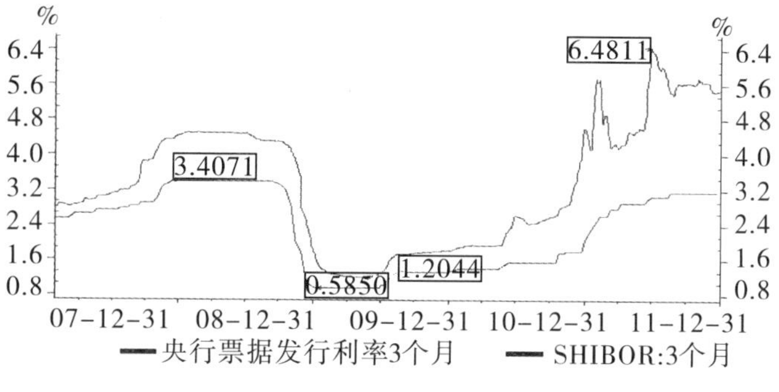

图 3　3 个月央票发行利率与 Shi3M 走势对比

数据来源:Wind 资讯

根据历史数据,本文分析时间为央票发行频繁的 2007 年至 2011 年。

从分析结果来看,央票发行利率调整对Shi3M利率具有明显的指导意义,Shibor曲线上升或下降的拐点会比央票发行利率的拐点滞后半个月到一个月(见图3)。如2008年11月13日3个月央票发行利率为2.0156%,较10月30日发行利率2.8275%下行81个BP,而相应的3个月Shibor在11月底大幅下滑65个BP。以上结果也可在1年期央票发行利率与1年期Shibor利率对比关系中得到验证(见图4)。

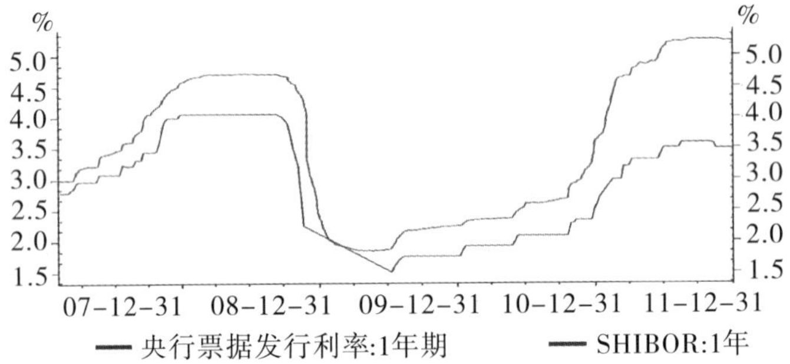

图4　1年期央票发行利率与Shi1Y走势对比

数据来源:Wind资讯

(五)央行公开市场正、逆回购对货币市场利率的影响

央行正、逆回购主要为配合其他货币政策工具所使用,央行通过不断调整回购方向和回购利率对货币市场利率起到引导作用。

根据历史数据,本文回顾了2007年以来央行公开市场的各类正回购和逆回购操作。2007年至2012年年中,央行公开市场操作以正回购为主,期限以7天、28天和91天最多。在这期间也穿插有少量逆回购操作,如在2007年和2012年春节期间为补充市场流动性进行了14天期的逆回购操作。2012年之后央行暂停央票发行,这一阶段开始交叉使用正回购和逆回购调节市场流动性。2012年6月底至2013年2月,央行主要进行逆回购操作；2013 年上半年和 2014 年，央行以正回购操作为主也适时开展逆回购；2015 年以来，央行通过重启逆回购适时向市场投放流动性，品种以 7 天为主。央行逆回购利率从年初开始一直下行，6 月开始稳定在 2.5%，8 月底推出“双降”之后，逆回购利率进一步下行到 2.35%，体现了央行对 7 天货币市场利率的预期和引导。

（六）调节流动性的创新工具对货币市场利率的影响

2013 年以来为更好实现货币政策对市场流动性的预调微调，央行先后创设了 SLO、SLF、MLF 和 PSL 等创新工具，其功能与央行传统的公开市场正、逆回购操作类似，但更加灵活，可更快速地对短期流动性发挥调节作用，特别是在银行体系流动性出现临时波动时使用，可促进银行体系流动性的适度均衡。

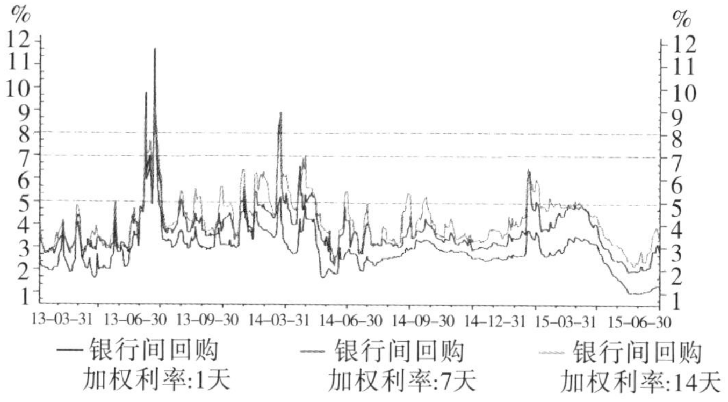

图 5　2013 年 1 月至 2015 年 6 月银行间回购利率趋势情况

数据来源：Wind 资讯

目前创新工具的历史数据比较有限，本文仅以 2013 年以来央行开展的 SLF 操作为例进行回顾分析。SLF 期限为 1—3 个月，2013 年试点推出，2015 年推广至全国。目前规定在隔夜、7 天和 14 天期回购利率分别高于5%、7%和8%时,地方法人金融机构可向央行申请SLF操作。从发行情况来看,2013年累计发放SLF共计23650亿元,主要集中在春节和流动性紧张的6月份。2014年以来,隔夜、7天和14天的回购利率均未超过上限值(见图5),央行只在1季度春节期间进行了SLF投放,其中2014年1季度投放3400亿元,2015年1季度投放3347亿元。通过SLF的投放时间和规模可了解到货币市场的资金面状况,实质上也为货币市场利率提供了参考上限。

(七)股市IPO对货币市场利率的影响

作为其他影响货币市场因素的代表,股市IPO尤其是大盘股IPO将冻结巨量资金,显著影响货币市场的短期资金供求关系。研究股市IPO对货币市场利率的影响,对于提高对货币市场利率短期波动的预判能力具有显著意义。

为更好进行历史回顾,本文选取了3家2007首发上市和2家2015年首发上市的大盘股进行影响效果对比。表7展示了5家大盘股发行日前后ShiO/N的5日均值变动情况(发行前均值为发行日前1周ShiO/N的5日均值,发行后均值为发行日后2日ShiO/N的5日均值)。单从2007年的数据来看,发行资金量越大,发行后Shibor的变动幅度越大,且Shi1W变动幅度会略高于ShiO/N。对比2007年和2015年数据来看,在发行资金量相差不大的情况下,2015年大盘股首发日前后Shibor变动幅度要远小于2007年的变动幅度。比较2007年和2015年可以发现:2007年货币政策适度偏紧,而2015年货币政策注重宽松适度,在两种不同货币政策背景下,IPO产生的短期资金需求边际效应显著不同。资金面宽松状态下,IPO对资金面的短期影响较为有限。

表 7　大盘股首发日前后货币市场利率变动情况

日期	股票名称	发行量(亿股)	资金量(亿元)	ShiO/N				Shi1W			
				发行前均值	发行后均值	变动(BP)	变动百分比	发行前均值	发行后均值	变动(BP)	变动百分比
2007-02-12	平安保险	11.50	388.70	1.7672	3.2142	144.69	81.88%	2.0718	3.9201	184.83	89.21%
2007-06-18	中国远洋	17.84	151.27	1.9726	2.3119	33.93	17.20%	2.5463	3.7773	123.1	48.34%
2007-10-26	中国石油	40.00	668.00	1.9061	4.5830	267.69	140.44%	2.3688	6.5179	414.91	175.15%
2015-06-02	中国核电	38.90	131.90	1.0362	1.0372	0.1	0.10%	1.9558	2.0182	6.24	3.20%
2015-06-18	国泰君安	15.25	300.58	1.0712	1.2092	13.8	12.88%	2.0554	2.4416	38.62	18.79%

数据来源:Wind 资讯;表中发行前均值为发行日前 1 周的 Shibor5 日均值,发行后均值为发行日后 2 日的 Shibor5 日均值

(八)货币市场利率走势分析框架

以上归因分析及实证研究表明:以 Shibor 为代表的货币市场利率走势主要受到经济周期和央行货币政策工具的影响,其中:法定存款准备金率和一年期存贷款基准利率的调整对短期和中期的货币市场利率均起到正向引导作用;央行传统公开市场操作和调节流动性的创新工具对货币市场利率的影响期限相对较短,且央行正、逆回购利率,SLO 等投放利率会为短期货币市场利率走势提供参考。

根据前文的定性和定量分析结果,本文总结出以下分析框架:

1. 经济运行周期很大程度影响了货币市场利率的长期走势和均衡水平,反映宏观经济周期的 PMI 指数、价格指数以及经济增速等指标是分析货币市场利率走势的重要基础性指标;

2. 在某一经济期内，货币市场利率走势主要受央行货币政策引导，具体包括法定存款准备金率、存贷款基准利率调整；同时，央行通过搭配使用公开市场正、逆回购，创新流动性工具等影响货币市场利率变动；

3. 此外，股市 IPO、时点因素、国际利率、汇率水平等因素均会对货币市场利率造成短期波动性影响，也应重点监测。

- 影响因素
  - 经济周期……【长期】
  - 货币政策工具
    - 存款准备金（统一调整和差别动态）……【中期】
    - 人民币存贷款利率……【中期】
    - 传统公开市场业务（正逆回购，央票）……【短期】
    - 公开市场短期流动性调节工具 SLO……【短期】
    - 常备借贷便利 SLF……【短期】
    - 中期借贷便利 MLF……【中期】
    - 抵押补充贷款 PSL……【中期】
  - 其他因素
    - IPO……【短期】
    - 国外利率水平……【中期】
    - 债券供给量……【中期】
    - 汇率市场波动……【中期】
    - 时点因素……【短期】
    - 财政存款……【短期】

货币市场利率未来走势分析及展望

前文通过梳理 2007 年以来宏观经济、货币政策周期和货币市场利率的历史数据，从归因分析角度分别探讨了历史上不同影响因素对货币市场利率走势的影响作用。在此基础上，下文拟针对当前各因素情况对其他影响因素进行细化分析，并对货币市场利率未来走势进行展望。

（一）主要影响因素分析

目前，在世界经济调整分化、中国经济“新常态”的背景下，中国经济正处在新旧产业和发展动能转换的接续关键期，短期看经济运行中的矛盾和问题依然突出，经济面临结构性调整的压力。但总体经济稳中向好，运行处于合理区间。由于新的经济增长动力正在形成之中，需要继续坚持稳中求进的政策总基调，以促进实现中长期可持续增长。

今年以来，中国人民银行三季度例会对未来货币政策走向作出说明时指出会继续实施稳健的货币政策，保持适度的流动性；因此从政策取向上分析，货币政策仍处于总体稳健同时松紧适度的周期，尚未出现明显的周期转折点信号。预计今后三个月货币政策将延续 2015 年下半年的总体政策基调。

（二）其他影响因素分析

1. 股市 IPO

经过四个月的 IPO 暂停期，2015 年 11 月 6 日证监会宣布将重启股票 IPO。之前累积的等待上市的企业将陆续上市，受此影响，市场预期、风险偏好及银行间货币市场的资金面都会受到一定影响。但是，新股发行改为中签后缴款的新机制，同时资金供给预计会较为宽松，所以大盘股上市对资金面的影响可能比以往时有所缓解。另外，证券法正处于修改进程中，未来可能在某一时点推出注册制。注册制的推出对 A 股市场会有一定的冲击，货币市场利率届时可能也会出现相应的波动。

2. 国外利率水平变动

随着世界经济一体化和我国金融自由化改革的推进，国内外金融市场间的相互联系愈发密切,如果国内外利率存在利差,会促进资金跨境流动,使得国外利率的波动对国内利率产生一定影响。由于目前美元走势较强,美联储主席耶伦近期表示可能在年底加息,联邦基金利率可能面临近十年来的首次上调。因此,2015 年末需要重点关注美联储的调息动态。如果今年年内美联储宣布加息,则会对热钱流向和汇率产生影响,央行可能会为了维持汇率稳定推出一系列应对政策。综合市场预期的作用,货币市场利率届时可能会面临上行的压力。

3. 债券供给量

货币市场利率是资金供给和资金需求双方作用的结果,债券供给量增加会对货币市场利率产生供给压力,对货币市场利率产生波动性影响。目前,财政部已将地方政府债置换额度调高为 3.2 万亿元,当前应重点监测地方债务置换的相关进程。虽然目前已将地方政府债券纳入银行 SLF、MLF 和 PSL 的抵押品范围,但短期流动性可能还会受到扰动,货币市场利率可能会承受一些压力。

4. 汇率市场波动

目前,人民币国际化和汇率市场化改革均在推进过程中,汇率市场波动成为市场关注的重点。8 月 11 日,央行完善和优化了人民币汇率中间价报价机制,将人民币兑美元汇率中间价回调近 2%。8 月 11—13 日,人民币兑美元中间价累计下调近 3000 个基点,总调整幅度超过 4%,达到 2011 年 8 月 19 日以来新低点。

短期内汇率的较大波动对资金面和市场预期产生了一定影响,然而货币市场利率并未出现明显大幅波动。8 月 11—13 日,R001 和 R007 定盘利率日均上行 2~3BP,与之前的日均变动幅度相差不大。

参考以上市场情况，预计未来磨合期内，随着新报价机制带动汇率出现阶段性调整，资金流动和供给可能受到一定影响，货币市场利率可能会呈现波动的态势。鉴于央行表示将密切监测市场以稳定市场预期，所以预计货币政策将更倾向于使用数量型工具以对冲贬值后短暂的流动性影响，如定向投放流动性、降准等。同时，改革后更加市场化和有弹性的汇率制度可能会增加央行货币政策的独立性、自主性和调控的空间。所以，虽然短期内货币市场利率可能会受到汇率波动的影响，但是具体走势变动还需要综合考虑央行未来的货币政策来判断。

（三）未来三个月货币市场利率展望

近期，央行通过公开市场操作及调整货币政策来影响货币市场利率的走势，间歇投放 SLO 和 SLF 以平抑货币市场利率的短期波动。其中，调降存款准备金率主要为了对冲外汇占款减少导致的基础货币供给缺口，逆回购用于调节短期流动性和预防波动，发起利率较低的逆回购有助于保持银行体系内流动性的合理充裕，促使短端利率保持低位或下行。在 10 月 23 日“双降”后，央行公开市场操作的逆回购利率下调 10BP 至 2.25%，对货币市场利率具有明显的引导作用，同时三季度货币货币政策执行报告首次提出“不能过度放水、妨碍市场的有效出清”。

目前，银行间市场 Shi1W 基本保持在 2.28%～2.30%，ShiO/N 基本保持在 1.78%～1.80%。未来三个月，在货币政策延续三季度稳健基调的背景下，需要密切关注美联储首次加息、重启股票 IPO、地方政府债务置换、汇率市场波动等因素对资金供给需求的各种影响。综合上文对各类因素的分析，预计未来三个月货币市场利率的 Shi1W 将在 2.25%～

2.50%范围内振荡,ShiO/N 将在 1.75%~1.90%范围内振荡;同时应密切关注意外事件的冲击效应。

(本文原载于《债券》2015 年 11 月刊)

从“钱荒”冲击波效应看流动性变化

高善文

2014年8月以来，特别是2014年年底，A股市场迎来了久违的大幅上涨。对此，较为普遍的解释是，大类资产配置在调整，居民看空房地产，把钱都拿来买股票，导致流动性过多，同时无风险利率和风险溢价都在下降。但遗憾的是，当我们仔细考察金融市场所有变化数据时，会发现这些分析经不起检验。

在我看来，对这轮股市牛市深层次原因的分析，要追溯至2013年6月中国银行间市场发生的一次里氏9级强烈地震，即众所周知的“钱荒”。转眼1年多过去了，地震的主震早已过去，但其对中国金融市场的影响并没有过去，因为“钱荒”余震的震级也相当高，形成了强烈的冲击波，对中国金融市场的流动性产生了深远影响。

“钱荒”有三波冲击波，第一波发生在债券市场，第二波在股票市场，第三波在信贷市场、房地产市场以及实体经济领域。这三波冲击波在时间上是逐次展开的而不是同时发生的。从2013年年中至2014年年中，

本文根据作者2014年12月16日在安信证券2015年度投资策略会（深圳）上部分发言内容整理形成。作者时任安信证券首席经济学家。

"钱荒"的第二波冲击显著抑制了股票市场的表现。但从2014年下半年开始,"钱荒"对股票市场的抑制作用开始退潮,股市随之出现均值回归。到2014年年底,这一过程可能已经结束,未来股市的上涨将更多地依赖于基本面的改善。

无风险利率和风险溢价并未下降

我在2006年提出过资产重估理论,分析实体经济盈利和流动性波动对资本市场产生的影响。此后资产重估理论一直是我观察分析资本市场最主要的方法和工具,在其中的流动性波动领域,我也多多少少积累了一些心得和经验。

前面提到,市场普遍认为,在这轮股市牛市下,无风险利率和风险溢价都在下降。真的如此吗?下面我们考察一下几个主要市场的实际情况。

(一)信贷市场

简单来讲,股票市场投资者主要有两类,一类是企业和企业主,另一类是普通公众。

企业通常有负债,在参与股票市场投资时,衡量其资金成本的合理标准是信贷市场利率。

从历史上来看,在几轮股市大牛市之中,我们都能看到信贷市场利率下降。但是2014年以来,在信贷需求大幅回落的背景下,信贷市场利率反而出现了小幅上升。对此,流行的且我也部分同意的解释是,出于对坏账率上升的担忧,银行体系出现一定的惜贷倾向。而银行惜贷,实际上就是信贷市场风险溢价上升的另一种表述。

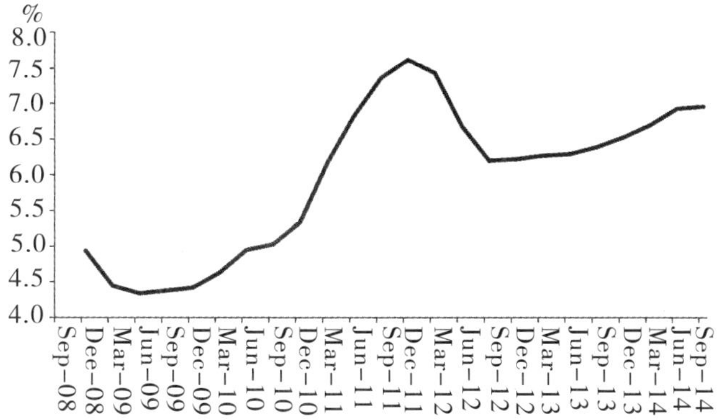

图1　个人住房贷款加权平均利率

数据来源：Wind资讯、安信证券

个人住房按揭贷款的违约率非常低，其利率几乎可视为信贷市场无风险利率。从图1可以看到，2014年前三季度，个人住房按揭贷款利率持续趋势上升。

银行惜贷倾向及个人住房按揭利率上升等，都暗示在信贷市场上，我们既没有看到风险溢价的大幅下降，也没有看到无风险利率的显著回落。

（二）理财市场

对中国股市普通公众而言，衡量资金成本的合理标准是理财产品利率。因为理财产品被认为可以刚性兑付，其利率又是市场化的，所以可将理财产品利率视为普通公众的无风险利率。

从期限为1周和2周的银行理财产品预期收益率均值变化趋势（见图2）可以看到，2014年以来短期理财产品利率有波动，但是利率中枢水平高于2013年。因此，在短周期理财市场上看不到无风险利率下降。

再从银行保本型理财产品预期收益率（见图3）来看，2014年上半年有所下降，但2014年下半年是平稳的，2014年年底的利率水平也比2013

年平均高很多。

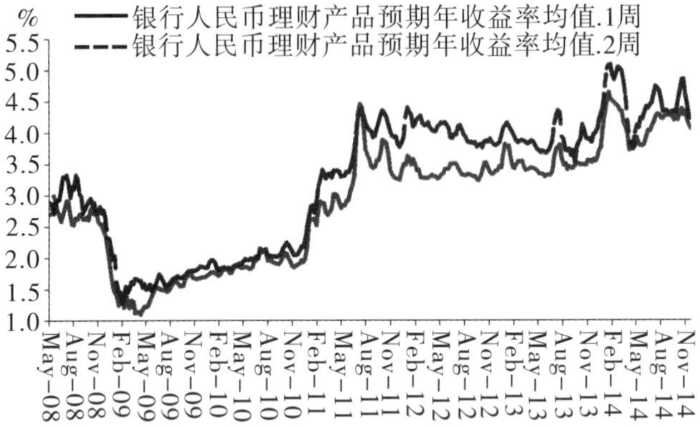

图 2　1 周和 2 周期银行理财产品预期收益率均值

数据来源:Wind 资讯、安信证券

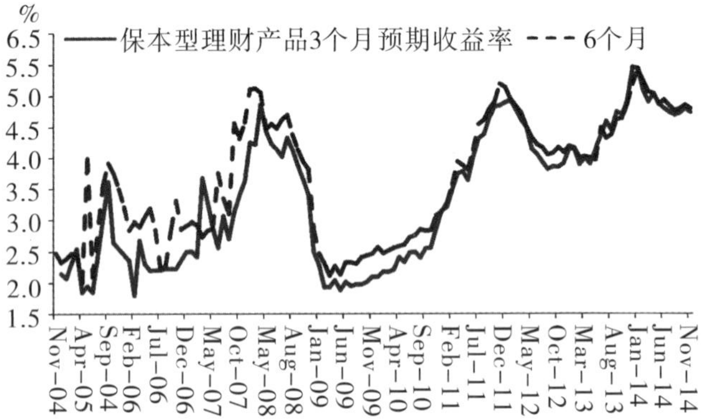

图 3　银行保本型理财产品预期收益率

数据来源:Wind 资讯、安信证券

可见在理财市场上,无风险利率下降的证据也是极其模糊的。要么根本看不到利率下降,要么下降主要发生在 2014 年上半年,并且下降以后的利率也比 2013 年高得多。

（三）信托市场

观察信托市场上贷款类信托的利率水平（见图 4），2013 年下半年以来，该利率一直在上升，因此在信托市场上也看不到利率下降。

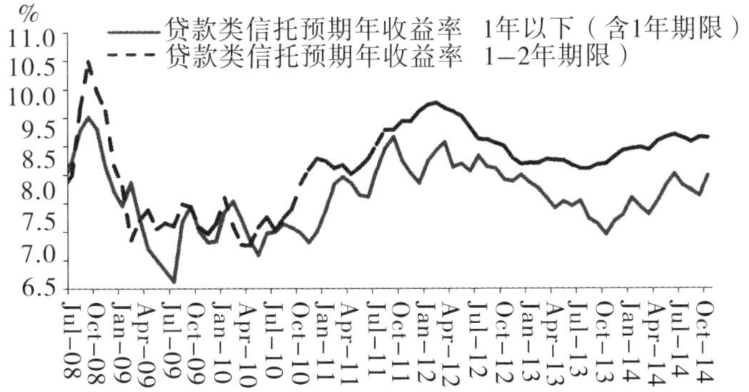

图 4　贷款类信托预期收益率

数据来源：Wind 资讯、安信证券

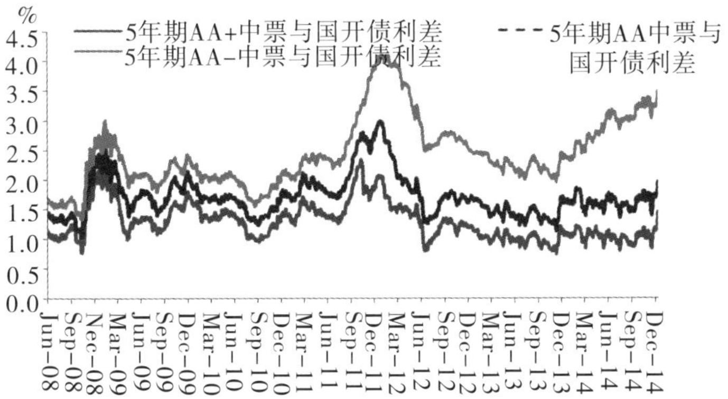

图 5　5 年期中票与国开债利差

数据来源：Wind 资讯、安信证券

（四）债券市场

我们从 5 年期中票与国开债利差走势来观察债券市场的风险溢价

(见图5),从2013年年底以来,风险溢价要么平稳要么上升,没有看到其下降的证据。

但是与之前分析的市场不同,银行间债券市场上能看到利率比较明显的下降。观察国债和政策性金融债市场(见图6),以及与它们相联系的票贴市场,2013年11月份以来,这三个市场确实出现了利率下降,但即便是下降以后的底部水平,绝大多数品种也高于2013年"钱荒"之前的水平。

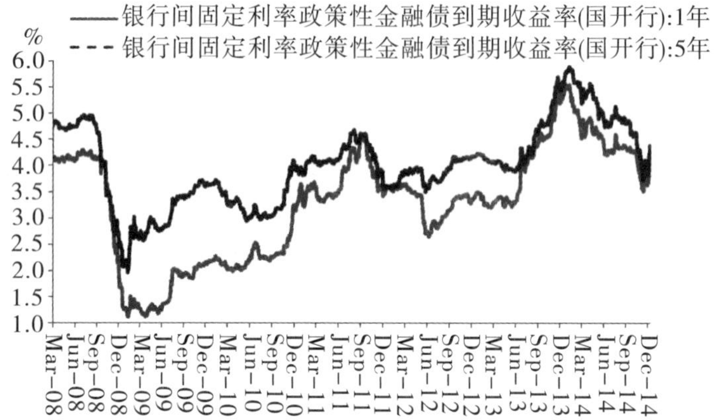

图6 1年和5年期国开债到期收益率

数据来源:Wind资讯、安信证券

综上可见,绝大部分市场的风险溢价都在上升。在信贷和信托市场上,无风险利率在上升。理财产品利率的温和下降集中在2014年上半年,但下降以后的利率仍然比2013年"钱荒"之前高。利率的下降主要发生在债券市场,但是下降后的利率同样高于"钱荒"之前的水平。总之,2014年以来,在多数融资市场上,无风险利率和风险溢价大幅下降支持股票市场上涨的证据都非常不明显。

“钱荒”的冲击波效应

2014 年经济增速和通货膨胀率比 2013 年要低很多，从地方融资平台到房地产，融资需求都出现明显下降。在经济对资金的需求相对于 2013 年出现较大幅度下降的背景下，2014 年几乎所有市场的利率却都比 2013 年更高。如何理解这个问题？对于股市而言，急剧上升的交易量和大幅度的上涨，清晰地表明大量资金涌入这个市场。如何理解这一变化？

我想以“钱荒”冲击波效应来解释以上疑问。先以一个故事帮助大家理解这一现象，假设我们坐在飞机上观察太平洋，太平洋的水面很平静、波动很小，这时假想把一个小行星扔到太平洋，当一切都风平浪静以后，我们有把握说太平洋的海平面会上升。

但每处海平面是否同时以相同的速度上升呢？基于直觉和生活经验，我们知道一定不是的。海平面上升过程中一定会有一波一波的冲击波，一定会掀起巨大的海浪并且巨浪的顶峰会比上升以后的海平面更高。假设海平面最终上升了 5 米，那么巨浪可以打到 20 米再跌下来。

在中国金融体系中，2013 年的“钱荒”就好比是投向太平洋的一颗小行星。也许再有半年时间，小行星撞击的影响才会基本结束。监管机构对非标业务的清理和整顿，是“钱荒”爆发的关键诱因，这造成了表外影子体系信用供应的急剧收缩和影子体系资金的回表，最终对整个金融体系和实体经济产生了广泛而深刻的影响。等一切都风平浪静以后，正如海平面上升了，信贷、理财、债券等市场的利率底部都将被抬高。同样地，不同资产市场上的利率，并非同时或同步的。我们可以形象地将“钱荒”对整个金融体系和实体经济的影响比喻为三波冲击。

第一波冲击发生在债券市场。在“钱荒”发生以后,债券市场的巨浪从2013年6月份开始往上走,浪潮的顶峰是2013年11月份。之后,浪头开始回落,在2014年下半年以后回到一个相对比较稳态的水平。正如海平面的上升,这一稳态的利率水平比“钱荒”之前更高,其他如信贷、信托市场2014年的利率水平高于2013年,原理亦是如此。这就解释了为什么2014年几乎所有市场的利率都比2013年更高。

第二波冲击发生在股票市场。这一冲击波也许开始于2013年8月前后,在2014年7月前后达到顶峰。像对债券市场一样,“钱荒”冲击波对股票市场也有非常大的抑制作用。2014年8月以后,随着抑制作用的消失,股市开始上涨。最终,股市要涨回到它原来的趋势之中。股市原来的趋势是从2013年年初开始,由盈利改善等基本面因素所决定的上升趋势。“钱荒”第二波冲击,使得市场与其趋势背离越来越远,最终,当抑制作用消退、均值回归出现时,股市的涨幅非常大、速度特别快。

第三波冲击发生在信贷市场、房地产市场及实体经济层面。由于价格黏性更高、距离撞击中心更远,这些领域受到冲击的时间也更晚一些,大约从2013年底2014年初开始。基于同样的逻辑,钱荒第三波冲击的影响消退以后,在信贷市场、房地产市场和实体经济层面,我们也将看到均值回归的力量。

“钱荒”冲击股票市场的两个证据

对于“钱荒”的第二波冲击,我进一步提出两个关键证据。

第一个证据是贷款和其他融资余额增速走势对比。贷款余额主要代表了银行体系表内信用供应,其他融资余额很大程度上反映了银行体系表外信用供应。图 7 显示，从 2012 年年初至 2013 年“钱荒”发生前，表内和表外信用供应走势是背离的，表内信用供应增速有所下降，而表外信用供应在快速扩张，这体现了表外业务监管较松、实体经济融资需求旺盛合并的影响。“钱荒”后将近一年的时间里，即从 2013 年 5 月到 2014 年五六月份，表内外信用供应走势继续背离，表外信用供应急剧收缩，而表内信用供应几乎维持不变，这清楚地显示了银行表外信用供应收缩和表外资金回表的影响。表外信用供应的收缩，对实体经济流动性及股票市场形成了严重的抑制。

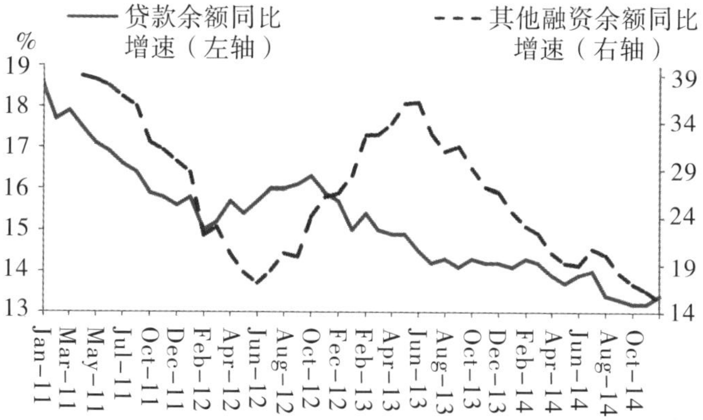

图 7　贷款与其他融资余额同比

数据来源：Wind 资讯、安信证券

直到 2014 年 7 月，银行体系表内外信用供应才重新比较明显地同步起来，这暗示，银行表外信用供应的收缩过程趋于结束，也意味着“钱荒”第二波冲击开始退潮。

第二个关键证据是恒生 AH 股溢价指数走势。该指数追踪在内地和香港两地同时上市股票的价格差异，指数越高，代表 A 股相对 H 股越贵（溢价越高）。从长期来看，A 股与 H 股之间的走势是同步的，但是短期内常常会有背离。为什么会产生背离?因为两地的流动性和风险偏好会有差异。比如欧债危机期间大量的资金离开 H 股市场,回到欧洲,这时候 H 股会承受很大的压力,而内地 A 股没有相同的压力,所以 A 股的估值溢价会上升。

图 8　恒生 AH 股溢价指数

数据来源:Wind 资讯、安信证券

在 2013 年 5 月至 2014 年 6 月之间,全球金融体系是否发生了持续时间很长的流动性冲击呢?观察发达国家的股票指数,总体来讲很难认为在全球市场上发生了影响深远的流动性冲击。在这个背景下,从 2013 年七八月份到 2014 年七八月份,恒生 AH 股溢价指数(见图 8)却一路调头向下,原因何在?

这是因为“钱荒”冲击波第二波在 2013 年七八月份以后开始冲击到股票市场,造成 A 股市场在一段时间之内流动性供应的极度紧张和收缩。在此后差不多一年的时间里,A 股相对 H 股从 13%的溢价变成 10%的折价,并且这一变化与表外信用供应收缩是同步发生的。

当表内和表外信用供给自 2014 年 7 月份开始同步、“钱荒”第二波冲击退潮以后，恒生 AH 股溢价指数也开始调头向上。一些说法认为，AH 溢价指数掉头向上主要受到沪港通的影响。但实际上，沪港通的宣布明显更早，无法解释七八月间 AH 溢价指数的掉头向上，并且，随后 AH 溢价指数重新达到 15%以上，也是沪港通无法解释的。

需要说明的是，以 AH 溢价、债券市场利率的稳态水平等作为参照，至 2014 年底，经过大幅度的上涨，A 股市场已经回到了基本面所决定的水平，甚至比基本面所决定的水平还要略高一些，存在一定的透支。

流动性分析总结

如篇头所言，总结来看，我们认为从 2013 年年中一直到 2014 年年中，“钱荒”第二波冲击显著抑制了股票市场，但进入 2014 年下半年，抑制作用开始退潮，股市随之出现均值回归。

到 2014 年年底，均值回归过程可能已经结束，股票市场甚至存在一定的透支，需要消化。

未来股市上涨将更多地依赖于基本面的改善。考虑到“钱荒”第三波冲击影响的结束，以及房地产市场的回暖、政府基建开支、公共财政开支的走向和出口走势，经济也许已经在现在所在的位置附近开始筑底，基本面的改善在我们看来是可以预期的。

在无风险利率和信贷市场利率变化的方向上，我们谨慎同意这样的看法，就是信贷市场的利率、理财产品的利率在现在的水平上有下降的可能和空间，但是下降的幅度不宜估计过多。

（本文原载于《债券》2015 年 1 月刊）

我国信贷资产流转市场的规范与发展

成家军

信贷资产流转是继资产证券化外,盘活我国信贷资产存量的又一重要方式。为落实国务院关于盘活货币信贷存量、支持实体经济转型升级的要求,银行业信贷资产登记流转中心(简称银登中心)于2014年8月正式成立。2015年1月,银监会提出要以新成立的信贷资产流转平台为主体,逐步扩大银行业信贷资产交易规模;7月,银监会发布了《关于银行业信贷资产流转集中登记的通知》,对信贷资产流转业务提出了集中登记的要求,标志着我国银行业信贷资产流转市场正式步入规范化运作、规模化发展阶段。下一步,在充分认识信贷资产流转对于促进经济金融转型升级意义的基础上,要以防范金融风险、维护金融稳定为目标,高度关注信贷资产流转业务的潜在金融风险;要紧紧围绕服务实体经济、提升金融效率,以集中登记为契机,从创新信贷资产流转工具、提高市场信息披露、健全中介服务体系、培育合格投资者队伍等方面,着力推进我国信贷资产流转市场的规范化建设,使之成为我国金融体系的重要组成部分,充分发挥

本文作者时任银行业信贷资产登记流转中心副总裁。

其在支持实体经济、转移信用风险、维护金融稳定等方面的重要作用。

信贷资产流转是盘活银行存量资产的重要手段,
对于促进经济金融转型升级具有重要意义

(一)信贷资产流转是支持实体经济转型升级的具体举措

国务院总理李克强在今年4月17日视察国开行、工商银行时就明确提出,金融机构要以改革的方式,通过信贷资产证券化、贷款流转等方式盘活存量资金,引导更多资金投入实体经济,使金融与实体经济共享发展红利。如果能够通过信贷资产的流转将相关的信贷风险很容易地转移出去,将会极大地激励商业银行提高信贷投放力度,从而加大对实体经济特别是长期以来小微企业、"三农"服务等金融服务薄弱环节的金融支持。要通过加快信贷资产流转,进一步降低全社会的间接融资比重,将信用风险逐步转出银行体系;进一步降低社会融资成本,将盘活的信贷资金再投入到实体经济的发展中去,在服务经济转型升级中进一步提高金融服务的能力。

(二)信贷资产流转有助于实现商业银行转型升级

随着我国经济进入新常态,主要依靠利差收入为主的传统盈利模式难以为继。通过信贷资产转让,能够降低商业银行信贷的行业集中度、区域集中度和借款人集中度,优化银行资产结构,分散银行信用风险。商业银行也可以办理以信贷资产为抵押的融资业务,开拓新的资金来源渠道,改善资产负债管理,逐步转变过度依赖规模扩张的经营模式,实现传统银行业务与投行业务、交易业务的并行发展。

(三)信贷资产流转是对我国金融体系的丰富和完善

首先,信贷资产流转市场的出现和发展,将极大地促进我国金融基础设施建设,丰富我国金融市场的内容,特别是对我国信用风险转移市场的形成将起到极大的促进作用。

其次,信贷资产流转将会促进信贷市场与资本市场的沟通与联系。通过将信贷风险转移到银行体系之外,极大地增强银行体系的稳定性;商业银行通过表内外业务创新,积极参与金融市场活动,有利于促进我国利率市场化改革。

最后,信贷资产实现流转,将增加投资者的投资选择,为各类机构和社会个人提供风险低于股市、收益率高于储蓄和债券的多样化投资品种,有利于在全社会范围内实现信贷资源的再配置,对拓展金融体系层次、深化金融改革具有积极的意义。

集中登记是信贷资产流转业务阳光化、规范化发展的需要,也是强化信贷资产监管的重要抓手

为落实国务院提出的相关工作要求,银监会从 2013 年起组织开展了信贷资产流转试点,并组建了银登中心,专门从事信贷资产的登记流转工作。在监管部门的创新引领下,在各行的积极参与下,截至 2015 年 7 月,先后有 69 户商业银行及其分行参与了信贷资产流转试点工作,尽管流转的规模不是很大,但通过试点创新了流转标的,探索了流转途径,进一步规范了信贷资产流转的流程,为规模化开展信贷资产流转工作积累了可复制、可推广的经验。银登中心依托中央国债登记结算公司(简称中央结算公司)的技术优势,系统建设安全性好、起点高,发挥了我国银行业金融

基础设施以及信贷资产集中登记流转主力军的作用。在此基础上，进一步强化信贷资产流转业务集中登记的要求，对于我国信贷资产流转市场的建设具有重要现实意义。

（一）集中登记是信贷资产流转规范化、阳光化的需要

近年来，随着银行参与金融市场广度和深度的加强，其资产负债表已经发生了深刻变化，不仅传统信贷资产的比重在下降，而且信贷资产的类型也发生了很大变化。在金融创新过程中，商业银行通过多种渠道、采取多种方式开展了非标准债权的投资业务，特别是通过理财计划、资管计划、信托计划等方式，形成了大量的表外信贷资产，这些表外信贷资产名义上是计在银行表外，但通过隐蔽的回购承诺或者其他担保承诺，银行承担了一定的信用风险。这些"准信贷资产"具有较强的流转需求，有的银行已经开展了此类资产的流转业务，其中部分银行的业务规模还相当大。银监会高度支持银行的金融创新工作，鼓励商业银行通过事业部制改革、设立专业子公司等方式，实现银行理财业务、同业业务与商业银行业务的风险隔离。现在，银监会决定对全部信贷资产流转业务进行集中登记，就是要以集中登记为抓手，摸清银行业信贷资产流转的底数，实现各类信贷资产流转业务的规范化、阳光化，并以此为契机深入推进信贷资产流转工作。

（二）集中登记是加强信贷资产监管的重要抓手

对信贷资产流转进行集中登记，要求银行无论是通过线上或者线下以何种方式达成交易，都必须在银登中心进行登记。实践证明，集中登记可以强化对信贷资产流转双方的约束，通过为信贷资产分配唯一可识别的资产代码，能够跟踪监测信贷资产的流向，信贷资产在银行机构的出

表、入表同时完成,有效防止流转后信贷资产在银行资产负债表的“悬空”,有利于信用风险的准确资本计量,使信贷资产始终处在监管的视野范围之内。

以防范金融风险、维护金融稳定为目标,高度关注信贷资产流转业务的潜在风险

金融风险是客观存在的,再好的银行管理和金融监管都不能使风险凭空消失,但可以降低单个银行或者整个银行业本身的金融风险,也可以将风险转移到其他金融机构甚至金融体系之外。同其他金融业务一样,信贷资产流转业务也具有相应的风险。应重点关注的风险包括如下几个方面:

(一)是否实现了风险的真实转移?

商业银行在转让信贷资产过程中,是否实现了信贷资产的真实转让,从而实现了风险的真实转移(即“洁净销售”),是监管者最关心的问题。一般来说,判断信贷资产是否被“洁净销售”的标准,主要看商业银行是否有如下承诺:一是承诺回购或者交换任何资产;二是无论在法律上还是实际上承担损失的承诺;三是对已售信贷资产本息的任何承诺。如有上述任何一项承诺,信贷资产都不能被视为“洁净销售”。

除此之外,具有下列行为的,也不能完全视为“洁净销售”:一是出售信贷资产的银行对购买资产的特殊目的载体(SPV)拥有股权或者管理控制权,或者 SPV 被纳入银行的合并财务报表;二是出售信贷资产时,出售银行以 SPV 的名义进行;三是出售银行对出售的信贷资产给予任何形式的流动性支持等信用增级行为。国际上通行的要求是,若不能实现信贷

资产的真实转让，无论是在法律层面还是实际操作层面，相关的信贷资产必须留在商业银行的资产负债表内，继续按照监管要求提取相应的监管资本。

（二）是否产生了新的操作风险和声誉风险？

同其他银行业务一样，在信贷资产流转过程中，商业银行也会面临操作风险，这主要是指银行即使在"洁净销售"后，仍然要承担信贷服务者的角色，对信贷资产的贷后管理承担一定的责任，这使得银行与信贷资产投资者的关系更为直接。商业银行为此需要投入更多的人力资本、技术设备等资源，确保能够正确履职，从而操作风险上升。更为重要的是，如果一旦出现银行出售的信贷资产收益未达到投资者期望的水平时，投资者总会将持有这些资产的受益权与银行联系起来，如果银行未能审慎处理，其将面临一定的声誉风险。

金融监管者就要做到两点：一是确保商业银行认识到相应的操作风险和声誉风险，并将其控制在可识别、可管理的范围内；二是确保银行有充足的监管资本去计提，从而充分覆盖这些风险。

（三）是否影响到了金融稳定？

信贷资产流转业务对金融体系的影响，主要表现在两个方面：一是可能存在监管套利活动。从业务发展的目标上讲，信贷资产流转与信贷资产证券化具有相同的动机，都是为了提高信贷资产的流动性，都是为了实现银行信用风险的分散和转移，这就要求在监管要求、监管标准等方面尽可能地保持一致，以最大限度地避免出现监管套利行为。对非银行金融机构而言，由于持有银行信贷资产的资本监管要求降低或者没有要求，可能使银行面临着不公平的监管环境，出现一定的监管套利活动，可能扭曲金融资源的合理配置。这种风险可以通过加强监管,强化金融监管当局之间的监管协调加以解决。二是可能增大银行体系的脆弱性。在以银行为主的金融体系中,如果银行信贷资产大量转移出银行体系,有可能使银行体系的资本总量下降,从而影响到银行体系的稳定。当然,这只是极端的情况,特别是考虑到我国90万亿元庞大的银行信贷资产规模存量和未来可预知的信贷资产交易流量,这种担忧虽有一定道理,但并不足以多虑。值得担心的不是银行体系整体的问题,恰恰是个别银行出于规避资本监管的目的而大量转移信贷资产,从而实际上可能出现个别机构资本不足的风险。

紧紧围绕服务实体经济、提升金融效率,全面推进我国信贷资产流转市场建设

国外信贷资产交易的标准化和服务机制建设已经取得了很大进展。国际经验表明,要提高银行信贷资产流转市场的公开、公正和效率,首先必须着力建设一个规范运作的登记和交易平台,同时还要创新丰富信贷流转工具,加强市场信息披露,加快培育投资者队伍,完善中介服务组织。

(一)以集中登记为契机,着力提高信贷资产流转业务的阳光化、规范化

银登中心的成立,标志着我国信贷资产流转业务规范发展的开始:实现了信贷资产流转的集中登记功能,每笔业务都在监管部门的监测下开展,确保业务的合规;通过有关各方共同签订统一、标准的《信贷资产流转主协议》,实现了信贷资产流转业务的规范化运作;通过按照民用最高等级的标准建设信贷资产登记流转系统,确保了技术系统的安全性。

下一步，信贷资产流转市场建设的任务主要有：抓紧研究出台银行业金融机构信贷资产转让的监管规定，明确信贷资产流转的主体、标的、报价、结算等内容，规范信贷资产转让机制；充分发挥银登中心的主体作用，完善信贷资产登记、流转的平台系统，强化市场建设标准化，着力提高金融服务水平；扩大信贷资产流转业务规模，规范市场参与者行为，在业务拓展的规范化方面下功夫。

（二）以金融机构信贷资产为基础，创新发展满足投资者不同需求的金融产品

如果说金融是现代经济的核心和“血液”，金融创新的最终目的是为了提高金融资源流向实体经济的效率，离开服务实体经济的根本原则，金融创新就是单纯破坏性的创新，最终会给金融体系带来严重的后果。当前金融创新的重点，就是围绕增强市场的流动性和深度、围绕有利于信贷风险的转移和有效管控进行创新。一是强化信贷资产直接转让的交易品种，特别是在银团贷款交易方面，扩大市场交易规模，真正让信贷资产流转起来。二是除信贷资产直接转让外，还可以考虑将商业银行的信贷资产进行结构化处理，根据信贷资产的种类、期限、风险收益状况等特点开发信贷资产收益权、信贷资产信托受益权等转让形式，丰富信贷资产流转市场的交易品种。三是研究开发以信贷资产为抵押物的融资业务，使金融机构开辟新的融资渠道，充分发挥信贷资产的再融资功能。四是在控制风险的前提下，积极探索信用衍生金融工具的开发利用，以帮助投资者更好地管理风险、转移风险，从而更好地促进我国信用风险转移市场的形成。

(三)以充分及时的信息披露为重点,着力提高信贷资产流转市场的透明度

提高透明度有助于减少市场上的信息不对称现象,是实现信贷资产流转市场健康发展的必要条件。一是要建立规范的信息披露制度,明确应向市场披露的最低标准和内容,至少应包括交易资产的信用等级、到期期限、票面利率、抵押情况等基本信息,及时披露相关资产的变更信息。二是要建立市场信息分析报告制度,定期向市场参与者提供信贷资产流转市场有关信贷资产交易规模、报价信息、违约信息等关键信息。三是要建立信息保密制度,要求市场参与者对于获得的借款人、贷款人、交易商等相关信息,甚至对于市场上未公开的敏感信息,都负有保密义务和法律责任。

(四)以提高信贷市场的流动性为原则,着力培育能够而且愿意承担金融风险的合格投资者

一是大力培育各类机构投资者,包括投资公司、养老基金公司,组建信贷资产投资基金等专业机构,使之成为信贷资产市场上的主要投资力量。二是加强监管协调,积极创造条件允许保险公司、证券公司、金融资产管理公司等非银行金融机构进入信贷资产流转市场,让信托计划、资管计划和理财计划成为市场的投资者和参与者。三是推动鼓励小贷公司、村镇银行、民营银行等新型金融机构进入信贷资产登记流转市场,既可以丰富信贷资产流转市场的供给品种,又能够使这些机构作为信贷资产的投资主体,进一步优化其资产配置结构。四是鼓励能够而且愿意承担信贷风险的个人投资者,包括高净值资产客户和社会投资者(也包括一般的工商企业)进入信贷资产流转市场,打通信贷风险向银行体系之外转移的

渠道。

（五）以强化投资者保护为核心，着力推进信贷资产流转市场的中介服务体系建设

金融中介服务是金融市场健康发展的保证，信贷资产流转市场的健康发展同样离不开各类金融服务中介的参与。目前迫切需要发展的中介机构至少包括三类：一是重点发展专业化的贷款服务机构，负责已流转的信贷资产的日常管理、还本付息、破产重组等事务；围绕再融资功能，建设信贷抵押业务平台；建立银行信贷资产定价服务机构，定期发布信贷资产的风险变化和市场定价趋势，为投资决策提供重要参考。二是发展金融市场信贷资产评级机构，不仅为借款人进行信用评级，而且为特定的信贷产品进行信用评级，为信贷资产定价提供高质量的参考标准，提高信用评级机构等中介组织对信贷资产流转市场的基础性支持作用。三是发展信贷资产增信机构，通过提供流动性支持、信用支持等方式，增强投资者对信贷资产流转市场的信心。

（本文原载于《债券》2015年8月刊）

人民币汇率走势的基本特征、前景与路径

宗　良

2015年以来,人民币兑美元汇率预期出现明显分化,前期即期汇率数次接近或触及跌停位,随后又出现明显上升,引发了市场的广泛关注。人民币汇率走势的变化,是由多种因素共同作用的结果。未来一段时间,人民币兑美元汇率仍会承受一定的贬值压力,但预计不会形成趋势性贬值,人民币汇率将在双向波动情况下保持基本稳定。

年初以来人民币汇率变动的基本特征

(一)人民币兑美元汇率呈现先贬后升的双向波动态势

2015年3月11日,人民币兑美元中间价为6.1597,较年初下跌0.6%,银行间外汇市场(CNY)和境外市场(CNH)即期交易价分别累计下跌0.7%和0.8%。在香港人民币远期市场,12个月NDF(无本金交割远期外汇)交易价更是较年初贬值1.2%。

本文作者时任中国银行国际金融研究所副所长。

虽然人民币兑美元汇率在下跌，但是人民币对于大多数非美元货币来说仍在升值。人民币有效汇率显示，自2014年下半年开始，人民币呈现不断升值的趋势，并且相对于日元、欧元、英镑、加元和澳元也在不断升值。人民币总体的强势特征是非常明显的。从国家积极推动人民币结算制度、鼓励企业到外国投资、调整结售汇制度、开放沪港通和深港通的一系列新政策看，人民币国际化进程在加快。

3月17日之后，人民币汇率出现企稳回升迹象。3月23日，人民币兑美元即期汇率基本回到年初水平。

（二）人民币即期汇率多次触及跌停，人民币有一定的贬值压力

自2014年3月人民银行宣布将银行间即期外汇市场人民币兑美元交易价浮动幅度由1%扩大至2%，逐步退出常态化干预以来，人民币兑美元汇率的双向浮动特征明显增强。进入2015年，银行间外汇市场即期价持续处于中间价贬值区间，尤其是2月，多个交易日触及或接近2%的最大波幅，进入3月后，波幅有所回落。与此同时，境外市场相对于境内市场也持续偏弱且价差逐步扩大，2月17日价差升至198个基点，2月份日均价差较1月份高出25个基点，增加56%。市场对于人民币中长期走升仍信心不足，美元买盘仍偏多。

（三）人民币有效汇率持续升值

人民币兑美元汇率呈持续贬值态势，但人民币有效汇率持续升值，创历史新高。截至2015年1月底，名义有效汇率和实际有效汇率分别较上年底升值1.3%和1.7%，2014年以来二者分别累计升值6.5%和6.0%。2015年以来，人民币对有效汇率一篮子货币中的欧元、日元持续升值，3月11日人民币对欧元、日元汇率中间价分别为1欧元对6.6101元人民

币,100日元对5.1055元人民币,较年初分别累计升值10%和0.4%。

近期人民币汇率变动的影响因素

(一)前期人民币兑美元持续贬值的主要原因

人民币汇率走势主要取决于经常项目下外汇收支状况和跨境资本流动双重因素。从年初到3月中,引发人民币兑美元贬值、波动加剧的主要因素有以下几点。

1. 美国经济复苏态势较好,美元持续升值

2014年四季度以来,美元指数快速上升,近期美元更是一路上扬,3月11日美元指数再创12年的高点至99.671点,涨1.15%,12日美元指数盘中更是突破100点关口。美元指数的强劲攀升势头可以说是近年来罕见,其快速上升使得几乎所有货币都出现了较大幅度的贬值。截至3月11日,日元、欧元、英镑兑美元较2014年初水平分别贬值了约15.4%,23.3%、9.8%。相应地,人民币也会呈现一定的贬值。

2. 我国经济下行压力增大引起的人民币贬值压力

2015年前两个月,我国经济总体上延续了上年以来的疲弱态势,规模以上工业增加值、固定资产投资等指标均低于上年平均水平,PPI增速创五年新低,同时房地产市场、地方政府债务、影子银行等风险逐步暴露,经济下行压力只增不减。经济增速下滑是引起人民币兑美元汇率进入贬值通道预期的原因之一。在我国经济体杠杆率上升、房地产市场调整的大背景下,人民币内生性贬值压力不断上升。

3. 资金流出压力有所加大,促使人民币汇率贬值

2014年四季度以来,受美元走强等因素影响,企业结汇意愿有所减

弱，购汇动机不断增强，并伴随着部分套利资金短暂流出，人民币汇率不断承压。2014 年 12 月，央行口径外汇占款减少 1289 亿元，为历史最大降幅。与此同时，银行结售汇从 2014 年一季度顺差 1592 亿美元转为三季度的逆差 160 亿美元，四季度结售逆差扩大为 465 亿美元。资本和金融项目逆差呈扩大趋势，但有一部分反映在外汇存款的上升中。值得注意的是，随着我国资本项目开放步伐的加快和汇率市场化形成机制改革的加快，资本流动对人民币汇率的影响将愈来愈大。

（二）近期人民币兑美元汇率企稳回升的主要原因

3 月后期以来人民币汇率升值的主要原因有：一是 3 月美联储议息会议下调美国经济增长预期，预示美联储可能放缓加息节奏，美元指数出现明显调整，释放了一部分人民币贬值压力。二是欧洲央行量化宽松推动国际资金继续回流亚洲新兴市场，新兴市场资金流动指标明显回升。三是多国纷纷加入亚洲基础设施投资银行和"一带一路"倡议的发布，增强了市场对我国经济的信心，人民币汇率贬值预期有所改善。即期汇率与中间价的偏离从接近 2%大幅回落调整到 3 月底的 1%以下，说明外汇市场供求关系出现改善。

人民币汇率变动对经济、金融的影响

总体来看，当前人民币兑美元汇率双向波动对我国经济金融的负面影响有限，相对而言，人民币有效汇率适度下行对我国经济金融有积极影响。

（一）汇率双向波动格局有利于减缓套利资金的流动，增强货币政策的自主性

2008 年至 2013 年，由于人民币持续单边升值，大量套利套息资本以

各种形式涌入我国。人民银行购买外汇被动投放人民币,带来资产负债表的快速扩张。此外,人民银行采取提高存款准备金率等措施加以对冲,使得货币政策的独立性和效果大打折扣。

当前,人民币汇率双向波动格局的形成有助于避免套利资本的过度涌入,降低货币政策对外汇占款的过度依赖;与此同时,在全球央行竞相出台宽松货币政策,主要货币兑美元汇率都大幅贬值的背景下,这也为我国货币政策的进一步宽松创造了条件。

(二)汇率适度贬值有利于促进出口,但波幅过大也将加大企业汇率风险

2014年,美国在我国出口份额中的占比约为17%,所以前期人民币兑美元汇率的大幅贬值有利于我国企业对美国的出口,纺织服装、玩具、鞋帽等行业受益于人民币的适度贬值。但也应看到,2014年欧盟、日本则分别占到我国出口份额的15.8%和6.4%,两者之和大于我国对美出口,考虑到人民币对欧盟和日本等国家的货币还在升值,这将一定程度抵消人民币兑美元汇率下降给出口带来的促进作用。同时,人民币难以对美元大幅度贬值,而人民币汇率波动幅度的扩大会加大企业汇率风险管理难度,也会影响人民币国际化的进程。

(三)汇率贬值预期可能加大资本流出压力,对资本市场和房地产市场形成一定冲击

国际经验表明,新兴市场的每一轮本币贬值都伴随着资本流出和股市回调。在我国经济周期减速换挡的过程中,金融体系的不稳定性还在上升。尤其是房地产市场的持续调整,使得部分房地产企业的违约风险不断上升,信托、债券等违约事件也将陆续浮出水面,国外投资者对我国

宏观经济的担忧情绪会有所增强,带来暂时性的资本流出,相应会对股票市场和房地产市场形成冲击。当然,考虑到我国资本账户仍处于相对管制状态,汇率波动对资本市场的冲击影响有限。

人民币汇率走势前景

2015 年,受全球货币政策分化、资本流动冲击加剧等因素影响,人民币汇率走势更加复杂。

(一)人民币汇率贬值压力将有所降低

多种现象表明,美国加息进程的开启或将延后,即使加息,步伐也将比较谨慎,这相应降低了人民币的贬值压力。一方面,美国经济自身表现并不尽如人意,经济数据显示,2014 年四季度美国 GDP 环比折年率为 2.5%,比三季度下跌了 3.9 个百分点;另一方面,欧洲推出量化宽松(QE)政策以来,丹麦、瑞士、印度、土耳其、加拿大、澳大利亚等国纷纷加入降息队伍,这将对美国出口带来不利影响,从而影响美联储加息进程。

(二)人民币汇率双向波动幅度将有所扩大

从美元汇率周期的历史演变轨迹来看,美元正在进入 20 世纪 90 年代以来的新一轮升值周期,未来一段时间,全球资本将以回流美国为主。

但受全球货币政策分化、美国加息进程不确定性等因素影响,各主要货币兑美元贬值的幅度、节奏等差异较大,全球除美元之外的所有货币汇率波动相较任何时期都要更加频繁。

对于人民币而言,由于资本流出的整体压力有限,人民银行稳定和干预汇率的必要性下降,人民币汇率将更多呈现双向波动特征。整体而言,2015 年人民币汇率或将在 6.15~6.4 区间波动,相较 2014 年 6.05~6.25

的区间而言，波幅将进一步扩大。

（三）人民币不会形成趋势性贬值或升值

首先，我国经济保持稳定且经济增速快于大多数国家，这将是人民币保持长期吸引力的关键。目前，我国经济虽在下行，但7%的增速依旧是全球主要国家中最高的。

其次，经常项目持续顺差将为人民币币值稳定提供坚实支持。2015年，受美国经济复苏和我国稳定出口政策的作用，贸易顺差有望持续扩大。预计贸易顺差达3900多亿美元，比2014年扩大600多亿美元。

第三，我国政府对维持人民币汇率稳定有很大的政策空间。目前，我国拥有全球规模最大的外汇储备，且资本账户尚未完全开放。作为全球的经济大国，我国有责任维护全球经济金融秩序的稳定，不会轻易采取单向大幅度贬值的政策，而是根据市场情况，继续推进汇率形成机制的市场化改革，维持人民币汇率的双向波动。

（四）未来人民币将呈现总体升值兼阶段性贬值的走势

这与美元总体呈现贬值兼阶段性升值的走势会形成鲜明对照。总体升值是一个崛起国家比较典型的汇率走势，有利于人民币的国际化进程；阶段性贬值则有利于修复市场竞争力。

在此方面，德国马克和日元的历史变动提供了相应借鉴。从图1中可看出，1971年到2000年马克和日元兑美元的汇率变动都基本属于这种情况。

20世纪70年代初以后，日元和马克都经历了大幅升值的过程。大体说来，1971年至1978年，二者呈现明显的升值，日元汇率1978年10月达到1美元兑184日元，升值幅度为48.89%；马克汇率从1971年4月的1美元兑3.66马克升值到1980年1月的1美元兑1.72马克，升值幅度为

52.19%。

从1978年后到“广场协议”前，两种货币总体呈贬值趋势，日元汇率贬值到1美元兑259日元，马克汇率也贬值到1美元兑3.31马克。

1985年3月“广场协议”后，日元和马克快速升值，但随后进入贬值阶段。

日元和马克的汇率走势差异在于，马克升值比较有序，但贬值相对比较坚决，目标明确，与日元的摇摆不定形成鲜明对照。两国不同政策也形成了不同的结果，相对而言，德国的发展比较成功，当然这也有周边区域发展的贡献。

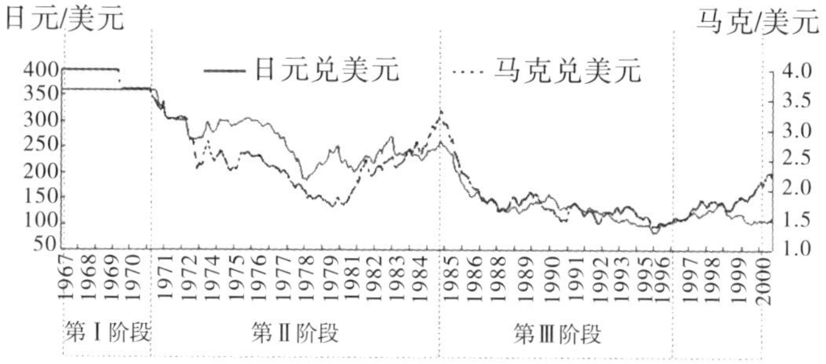

图1　1950—2000年日元、马克兑美元汇率走势图

资料来源：Wind资讯

通过比较，可以发现人民币汇率现阶段的变化情况和德国马克在1971年至1980年以及20世纪90年代的情况非常相似，都是主动渐进升值后有所贬值。可见，人民币汇率自2005年底至2013年持续升值，但2014年以来有所贬值（见表1），这种人民币汇率走势和相应货币政策操作具有相对合理性。

表 1　2005—2014 年人民币汇率变动情况表

年份	年初	年末	升值情况
2005	8.2765	8.0702	2.49%
2006	8.0702	7.8045	3.29%
2007	7.8160	7.3037	6.55%
2008	7.3041	6.8277	6.52%
2009	6.8270	6.8270	0.00%
2010	6.8273	6.6668	2.35%
2011	6.6668	6.3146	5.28%
2012	6.3001	6.2855	0.23%
2013	6.2369	6.0969	2.24%
2014	6.0506	6.2040	-2.54%

对发展外汇市场的相关建议

(一)进一步推进外汇市场改革

2015 年境内外汇市场发展可从以下三方面发力:一是有序扩大银行间外汇市场的参与主体,更多引进不同风险偏好的机构,提高外汇市场的流动性,完善外汇市场的价格发现和风险规避功能。同时,稳步推进外汇市场的双向开放。二是进一步丰富外汇市场产品,加快人民币外汇衍生品交易的发展,增加外汇市场的深度和广度。三是保持人民币汇率双向波动和资本双向流动的基本态势。

（二）加强对投资者的引导与教育，平衡多币种外汇需求

由于美元运用较多，投资者容易把人民币汇率变动理解为兑美元的汇率变动，实质上，这种变动不应是简单的随“美元起舞”，而是兑一篮子货币的变动。应顺应人民币与多种货币可直接交易之契机，鼓励市场多运用其他货币，平衡多币种需求，引导企业树立正确的汇率风险意识，适应并积极管控汇率双向波动的风险。在目前欧元汇率呈贬值的背景下，不少企业筹集欧元资金就是一个很好的做法。

（三）为企业和个人使用外汇创造更好的环境，进一步推动“藏汇于民”

例如逐步取消居民结售汇规模和频率限制，全面满足居民海外留学、投资置业等方面的用汇需求；清理企业意愿结售汇下的隐形行政限制，打通企业对外投资各环节的政策障碍，鼓励企业购买并持有外汇；丰富外汇金融产品，满足居民的用汇需求。

（四）稳定市场预期，防范资本短期大规模流动

在经常项目收支趋向基本平衡、人民币汇率趋于均衡合理水平的情况下，影响人民币汇率走势和跨境资金流动的因素日趋复杂化。在我国跨境资金流出压力加大的情况下，应做好管理跨境资本流动风险的预案，稳定人民币汇率预期，为进一步提高人民币汇率弹性创造条件。防范跨境资本的大进大出，保持人民币汇率的基本稳定。

（五）深化相关领域改革

历史经验表明，发生金融危机国家的一个共同特点就是：在美元泛滥的背景下，这些国家享受着“资本盛宴”的好处，容易将改革搁置一边，其后国际环境瞬间改变，美元趋于走强，资本撤离成为诱发危机的导火索。

可见,我们不仅需要稳增长,还要深化改革、加快结构调整,以实现经济健康持续的发展。

(本文原载于《债券》2015 年 4 月刊)